2024国家统一法律职业资格考试

法考

必刷题

随时～随地～随身练　①民法

拓朴法考　编著

中国法制出版社
CHINA LEGAL PUBLISHING HOUSE

CONTENTS 目 录

第一编 总则 …………………………………………………………（ 1 ）
- 专题一 民法概述 …………………………………………………（ 1 ）
- 专题二 自然人 ……………………………………………………（ 5 ）
- 专题三 法人和非法人组织 ………………………………………（ 10 ）
- 专题四 民事法律行为 ……………………………………………（ 13 ）
- 专题五 代理 ………………………………………………………（ 25 ）
- 专题六 诉讼时效与期间 …………………………………………（ 29 ）

第二编 物权 …………………………………………………………（ 33 ）
- 专题七 物权概述 …………………………………………………（ 33 ）
- 专题八 所有权 ……………………………………………………（ 42 ）
- 专题九 用益物权 …………………………………………………（ 53 ）
- 专题十 担保物权 …………………………………………………（ 56 ）
- 专题十一 占有 ……………………………………………………（ 71 ）

第三编 合同 …………………………………………………………（ 74 ）
- 专题十二 债与合同概述 …………………………………………（ 74 ）
- 专题十三 合同的订立 ……………………………………………（ 77 ）
- 专题十四 合同的履行 ……………………………………………（ 80 ）
- 专题十五 合同的保全 ……………………………………………（ 86 ）
- 专题十六 保证和定金（债权性担保）……………………………（ 89 ）
- 专题十七 合同的变更、转让和权利义务终止……………………（ 94 ）
- 专题十八 违约责任 ………………………………………………（102）
- 专题十九 转移财产权利合同 ……………………………………（106）
- 专题二十 完成工作交付成果合同 ………………………………（116）
- 专题二十一 提供劳务合同 ………………………………………（119）

· 1 ·

专题二十二	技术合同	(123)
专题二十三	合伙合同	(126)
专题二十四	无因管理、不当得利	(128)

第四编　人格权 (132)
| 专题二十五 | 人格权 | (132) |

第五编　婚姻家庭 (139)
专题二十六	结婚	(139)
专题二十七	家庭关系	(140)
专题二十八	离婚	(143)
专题二十九	收养	(146)

第六编　继承 (147)
专题 三十	继承概述	(147)
专题三十一	法定继承	(148)
专题三十二	遗嘱继承、遗赠和遗赠扶养协议	(151)
专题三十三	遗产的处理	(153)

第七编　侵权责任 (154)
| 专题三十四 | 侵权责任概述 | (154) |
| 专题三十五 | 特殊侵权责任 | (158) |

刷题表	时间	题号	一刷	二刷	题号	一刷	二刷	题号	一刷	二刷	题号	一刷	二刷
		1	B										

民　法

扫一扫,"码"上做题

微信扫码,即可线上做题、看解析。
多种做题模式:章节自测、单科集训、随机演练等。

第一编　总　则

专题一　民法概述

考点1 民法的调整对象

1. 2016/3/1/单①

根据法律规定,下列哪一种社会关系应由民法调整?②

A. 甲请求税务机关退还其多缴的个人所得税

B. 乙手机丢失后发布寻物启事称:"拾得者送还手机,本人当面酬谢"

C. 丙对女友书面承诺:"如我在上海找到工作,则陪你去欧洲旅游"

D. 丁作为青年志愿者,定期去福利院做帮工

2. 2016/3/10/单

甲单独邀请朋友乙到家中吃饭,乙爽快答应并表示一定赴约。甲为此精心准备,还因炒菜被热油烫伤。但当日乙因其他应酬而未赴约,也未及时告知甲,致使甲准备的饭菜浪费。关于乙对甲的责任,下列哪一说法是正确的?③

A. 无须承担法律责任　　　B. 应承担违约责任

C. 应承担侵权责任　　　　D. 应承担缔约过失责任

3. 2018回忆/单

某宿舍六人在学期开始时约定,在学期结束时由获得奖学金的人

---
① 指2016年/试卷三/第1题/单选——编者注　② B　③ A

· 1 ·

请宿舍的人聚餐,在学期结束时甲乙获得了一等奖学金。六人在学期末如约到酒店就餐,其间甲愤然离席,乙随后也离开了酒店。对此,下列哪一项说法是正确的?①

A. 甲、乙的行为构成戏谑行为不产生法律关系
B. 应由甲、乙平均分担餐费
C. 宿舍六人的协议产生了法律关系
D. 餐馆应找六人共同承担餐费

4. 2019 回忆/单

刘某系世界陶艺大师,在接受某电视台采访时,刘某向观众展示他制作的一个精美的五层陶瓷吊球作品,说目前世界上绝无第二个人能够做出此吊球作品。主持人问,如果有人能做出来呢? 刘某说,如果有人能做出来,我将自己工作室里面的全部艺术品连同房子一起赠送给他,并与主持人击掌为誓。后来,一陶瓷作品爱好者孙某仿制了该作品,一般无二。孙某主张刘某履行承诺。对于刘某的行为应如何定性?②

A. 构成法律行为,但显失公平
B. 戏谑行为,不构成法律关系
C. 赠与合同,但刘某有撤销权
D. 悬赏广告,刘某应按承诺履行

考点2 民法基本原则

5. 2017/3/1/单

甲、乙二人同村,宅基地毗邻。甲的宅基地倚山、地势较低,乙的宅基地在上将其环绕。乙因琐事与甲多次争吵而郁闷难解,便沿二人宅基地的边界线靠己方一侧,建起高5米围墙,使甲在自家院内却有身处监牢之感。乙的行为违背民法的下列哪一基本原则?③

A. 自愿原则　　　　B. 公平原则
C. 平等原则　　　　D. 诚信原则

6. 2019 回忆/单

甲、乙婚后育有一女小花。小花3岁时,甲、乙协议离婚,甲、乙在离婚协议中约定:"离婚后小花由乙抚养。为保护小花的利益,若乙再婚,再

① D ② B ③ D

刷题表	时　间	题号	一刷	二刷	题号	一刷	二刷	题号	一刷	二刷	题号	一刷	二刷

婚后乙不得生育子女。"该约定违背了下列哪一民法原则？①

A. 自愿原则　　　　　　　　B. 公平原则
C. 诚信原则　　　　　　　　D. 公序良俗原则

考点3　民事法律关系

7．2009/3/1/单

甲被乙家的狗咬伤，要求乙赔偿医药费，乙认为甲被狗咬与自己无关拒绝赔偿。下列哪一选项是正确的？②

A. 甲乙之间的赔偿关系属于民法所调整的人身关系
B. 甲请求乙赔偿的权利属于绝对权
C. 甲请求乙赔偿的权利适用诉讼时效
D. 乙拒绝赔偿是行使抗辩权

8．2010/3/1/单

下列哪一情形下，乙的请求依法应得到支持？③

A. 甲应允乙同看演出，但迟到半小时。乙要求甲赔偿损失
B. 甲听说某公司股票可能大涨，便告诉乙，乙信以为真大量购进，事后该只股票大跌。乙要求甲赔偿损失
C. 甲与其妻乙约定，如因甲出轨导致离婚，甲应补偿乙50万元，后二人果然因此离婚。乙要求甲依约赔偿
D. 甲对乙承诺，如乙比赛夺冠，乙出国旅游时甲将陪同，后乙果然夺冠，甲失约。乙要求甲承担赔偿责任

9．2014/3/1/单

薛某驾车撞死一行人，交警大队确定薛某负全责。鉴于找不到死者亲属，交警大队调处后代权利人向薛某预收了6万元赔偿费，商定待找到权利人后再行转交。因一直未找到权利人，薛某诉请交警大队返还6万元。根据社会主义法治理念公平正义要求和相关法律规定，下列哪一表述是正确的？④

A. 薛某是义务人，但无对应权利人，让薛某承担赔偿义务，违反了权利义务相一致的原则
B. 交警大队未受损失而保有6万元，形成不当得利，应予退还
C. 交警大队代收6万元，依法行使行政职权，与薛某形成合法有效的行政法律关系，无须退还

---

① D　② C　③ C　④ D

· 3 ·

D. 如确实未找到权利人,交警大队代收的 6 万元为无主财产,应收归国库

考点4 民事权利及权利救济

10. 2005/3/6/单

甲在乙经营的酒店进餐时饮酒过度,离去时拒付餐费,乙不知甲的身份和去向。甲酒醒后回酒店欲取回遗忘的外衣,乙以甲未付餐费为由拒绝交还。对乙的行为应如何定性?①

A. 是行使同时履行抗辩权
B. 是行使不安抗辩权
C. 是自助行为
D. 是侵权行为

11. 2008/3/51/多

关于民事权利,下列哪些选项是正确的?②

A. 甲公司与乙银行签订借款合同,乙对甲享有的要求其还款的权利不具有排他性
B. 丙公司与丁公司协议,丙不在丁建筑的某楼前建造高于该楼的建筑,丁对丙享有的此项权利具有支配性
C. 债权人要求保证人履行,保证人以债权人未对主债务人提起诉讼或申请仲裁为由拒绝履行,保证人的此项权利是抗辩权
D. 债权人撤销债务人与第三人的赠与合同的权利不受诉讼时效的限制

12. 2013/3/51/多

甲以 20 万元从乙公司购得某小区地下停车位。乙公司经规划部门批准在该小区以 200 万元建设观光电梯。该梯入梯口占用了甲的停车位,乙公司同意为甲置换更好的车位。甲则要求拆除电梯,并赔偿损失。下列哪些表述是错误的?③

A. 建电梯获得规划部门批准,符合小区业主利益,未侵犯甲的权利
B. 即使建电梯符合业主整体利益,也不能以损害个人权利为代价,故应将电梯拆除
C. 甲车位使用权固然应保护,但置换车位更能兼顾个人利益与整体利益

① C ② ABCD ③ ABD

D. 电梯建成后,小区尾房更加畅销,为平衡双方利益,乙公司应适当让利于甲

专题二　自然人

考点5 自然人的民事权利能力

13. 2008/3/60/多

王某与李某系夫妻,二人带女儿外出旅游,发生车祸全部遇难,但无法确定死亡的先后时间。下列哪些选项是正确的?①

A. 推定王某和李某先于女儿死亡
B. 推定王某和李某同时死亡
C. 王某和李某互不继承
D. 女儿作为第一顺序继承人继承王某和李某的遗产

考点6 自然人的民事行为能力

14. 2009/3/14/单

小刘从小就显示出很高的文学天赋,九岁时写了小说《隐形翅膀》,并将该小说的网络传播权转让给某网站。小刘的父母反对该转让行为。下列哪一说法是正确的?②

A. 小刘父母享有该小说的著作权,因为小刘是无民事行为能力人
B. 小刘及其父母均不享有著作权,因为该小说未发表
C. 小刘对该小说享有著作权,但网络传播权转让合同无效
D. 小刘对该小说享有著作权,网络传播权转让合同有效

15. 2010/3/2/单

甲十七岁,以个人积蓄1000元在慈善拍卖会拍得明星乙表演用过的道具,市价约100元。事后,甲觉得道具价值与其价格很不相称,颇为后悔。关于这一买卖,下列哪一说法是正确的?③

A. 买卖显失公平,甲有权要求撤销
B. 买卖存在重大误解,甲有权要求撤销
C. 买卖无效,甲为限制行为能力人
D. 买卖有效

---

① ABCD　② C　③ D

刷题表	时 间	题号	一刷	二刷	题号	一刷	二刷	题号	一刷	二刷	题号	一刷	二刷

16. 2011/3/2/单

乙因病需要换肾,其兄甲的肾脏刚好配型成功,甲乙父母和甲均同意由甲捐肾。因甲是精神病人,医院拒绝办理。后甲意外死亡,甲乙父母决定将甲的肾脏捐献给乙。下列哪一表述是正确的?①

A. 甲决定将其肾脏捐献给乙的行为有效
B. 甲生前,其父母决定将甲的肾脏捐献给乙的行为有效
C. 甲死后,其父母决定将甲的肾脏捐献给乙的行为有效
D. 甲死后,其父母决定将甲的肾脏捐献给乙的行为无效

17. 2017/3/2/单

肖特有音乐天赋,16岁便不再上学,以演出收入为主要生活来源。肖特成长过程中,多有长辈馈赠:7岁时受赠口琴1个,9岁时受赠钢琴1架,15岁时受赠名贵小提琴1把。对肖特行为能力及其受赠行为效力的判断,根据《民法典》相关规定,下列哪一选项是正确的?②

A. 肖特尚不具备完全的民事行为能力
B. 受赠口琴的行为无效,应由其法定代理人代理实施
C. 受赠钢琴的行为无效,因与其当时的年龄智力不相当
D. 受赠小提琴的行为无效,因与其当时的年龄智力不相当

18. 2019回忆/单

小琴从小天赋异禀,甚得其祖父喜爱。6岁时,祖父将其珍藏的一幅价值百万元的名画赠与小琴,其母亲表示拒绝。8岁时,祖父又将其价值8万元的名表一块赠与小琴,其母亲知道后也表示拒绝。对此,下列哪一项说法是正确的?③

A. 关于画的赠与,因纯获利而有效
B. 关于画的赠与,效力未定,因乙的拒绝而无效
C. 关于表的赠与,有效
D. 关于表的赠与,效力未定,因乙拒绝接受而无效

考点7 监护

19. 2010/3/3/多

甲十五岁,精神病人。关于其监护问题,下列哪些表述是正确的?④

---

① D ② B ③ C ④ BC(原答案为B)。原为单选题,根据新法答案有变化,调整为多选题

· 6 ·

A. 监护人只能是甲的近亲属或关系密切的其他亲属、朋友
B. 监护人可是同一顺序中的数人
C. 对担任监护人有争议的,可直接请求法院裁决
D. 为甲设定监护人,适用关于精神病人监护的规定

20． 2013/3/2/单

关于监护,下列哪一表述是正确的?①
A. 甲委托医院照料其患精神病的配偶乙,医院是委托监护人
B. 甲的幼子乙在寄宿制幼儿园期间,甲的监护职责全部转移给幼儿园
C. 甲丧夫后携幼子乙改嫁,乙的爷爷有权要求法院确定自己为乙的法定监护人
D. 市民甲、乙之子丙5周岁,甲乙离婚后对谁担任丙的监护人发生争议,丙住所地的居民委员会有权指定

21． 2014/3/2/单

张某和李某达成收养协议,约定由李某收养张某6岁的孩子小张;任何一方违反约定,应承担违约责任。双方办理了登记手续,张某依约向李某支付了10万元。李某收养小张1年后,因小张殴打他人赔偿了1万元,李某要求解除收养协议并要求张某赔偿该1万元。张某同意解除但要求李某返还10万元。下列哪一表述是正确的?②
A. 李某、张某不得解除收养关系 B. 李某应对张某承担违约责任
C. 张某应赔偿李某1万元   D. 李某应返还不当得利

22． 2016/3/52/多

甲8周岁,多次在国际钢琴大赛中获奖,并获得大量奖金。甲的父母乙、丙为了甲的利益,考虑到甲的奖金存放银行增值有限,遂将奖金全部购买了股票,但恰遇股市暴跌,甲的奖金损失过半。关于乙、丙的行为,下列哪些说法是正确的?③
A. 乙、丙应对投资股票给甲造成的损失承担责任
B. 乙、丙不能随意处分甲的财产
C. 乙、丙的行为构成无因管理,无须承担责任
D. 如主张赔偿,甲对父母的诉讼时效期间在进行中的最后6个月内因自己系无行为能力人而中止,待成年后继续计算

---

① A ② D ③ AB(原答案为ABD)

| 刷题表 | 时 间 | 题号 | 一刷 | 二刷 | 题号 | 一刷 | 二刷 | 题号 | 一刷 | 二刷 | 题号 | 一刷 | 二刷 |

23. 2017/3/51/多

余某与其妻婚后不育,依法收养了孤儿小翠。不久后余某与妻子离婚,小翠由余某抚养。现余某身患重病,为自己和幼女小翠的未来担忧,欲作相应安排。下列哪些选项是正确的?①

A. 余某可通过遗嘱指定其父亲在其身故后担任小翠的监护人
B. 余某可与前妻协议确定由前妻担任小翠的监护人
C. 余某可与其堂兄事先协商以书面形式确定堂兄为自己的监护人
D. 如余某病故,应由余某父母担任小翠的监护人

24. 2018 回忆/多

2016 年 3 月,家住山西省 H 县的庞某(51 周岁,有配偶),依法收养了孤儿小翠(11 岁女孩)。后庞某多次性侵小翠,导致小翠先后产下两名女婴。2018 年 6 月,知情群众向公安机关举报,媒体也进行了报道。经查,举报属实,法院于 2018 年 11 月判决庞某构成强奸罪。对此,下列说法错误的是:②

A. H 县民政部门可以直接撤销庞某监护人资格
B. 庞某被法院取消监护资格后可以不再给付抚养费
C. 庞某出狱后,确有悔改表现的,经申请,法院可恢复其监护人资格
D. 小翠对庞某损害赔偿请求权的诉讼时效期间自法定代理终止之日起计算

25. 2018 回忆/多

小学生甲极具表演天赋,参加多部影视剧拍摄并攒下存款若干。为让甲款保值,甲父在某城市以甲的名义购买多套房屋,未料周边房价均上涨,唯独该城市房价下跌,导致严重亏损。下列哪些说法是正确的?③

A. 房屋买卖合同无效,可追回本金加利息
B. 购房保值行为不属于监护人职责范围
C. 房屋买卖合同有效,但监护人应承担赔偿责任
D. 甲对甲父的赔偿请求权在其成年前不受 3 年诉讼时效的限制

26. 2019 回忆/多

甲乙婚后育有一子小甲,小甲 10 岁时,甲乙离婚,小甲由乙抚养。

---

① ABC ② ABCD ③ BCD

· 8 ·

后乙经常殴打小甲,并将小甲祖父赠与小甲的一只价值5万元的玉佩在赌博中输掉。对此,下列说法正确的是:①

A. 甲可向法院申请撤销乙的监护资格
B. 乙应当对小甲进行赔偿
C. 小甲向乙主张损害赔偿的诉讼时效自年满18周岁时起算
D. 小甲主张抚养费的权利不受诉讼时效限制

27． 2019回忆/单

老刘65岁时丧妻,独自生活,子女均已成年。后认识比其小30岁的秦某,迅速交好,相谈甚欢。于是老刘与秦某签订书面协议,在老刘丧失生活自理能力后,由秦某作为其监护人履行监护职责;若秦某履行义务的,老刘死后,其遗产的一半由秦某继承。对此,下列说法正确的是:②

A. 该监护协议因为老刘有子女作为法定监护人而无效
B. 该协议在老刘丧失生活自理能力时生效
C. 约定财产继承部分无效
D. 老刘子女可申请撤销该协议

考点8 宣告失踪与宣告死亡

28． 2009/3/51/单

关于宣告死亡,下列哪一选项是正确的?③

A. 宣告死亡的申请人有顺序先后的限制
B. 有民事行为能力人在被宣告死亡期间实施的民事行为④有效
C. 被宣告死亡的人与其配偶的婚姻关系因死亡宣告的撤销而自行恢复
D. 被撤销死亡宣告的人有权请求依《民法典》取得其财产者返还原物或给予适当补偿

29． 2016/3/51/多

甲、乙为夫妻,长期感情不和。2010年5月1日甲乘火车去外地出差,在火车上失踪,没有发现其被害尸体,也没有发现其在何处下车。2016年6月5日法院依照法定程序宣告甲死亡。之后,乙向法院起诉要求铁路公司对甲的死亡进行赔偿。关于甲被宣告死亡,下列哪些说法是正确的?⑤

A. 甲的继承人可以继承其财产

---

① ABD ② B ③ D(原答案为AD)。原为多选题,根据新法答案有变化,调整为单选题 ④ 《民法典》将"民事行为"改为"民事法律行为",请按民事法律行为作答。全书同 ⑤ AC

B. 甲、乙婚姻关系消灭,且不可能恢复
C. 2016年6月5日为甲的死亡日期
D. 铁路公司应当对甲的死亡进行赔偿

30. `2017/3/52/多`

甲出境经商下落不明,2015年9月经其妻乙请求被K县法院宣告死亡,其后乙未再婚,乙是甲唯一的继承人。2016年3月,乙将家里的一辆轿车赠送给了弟弟丙,交付并办理了过户登记。2016年10月,经商失败的甲返回K县,为还债将登记于自己名下的一套夫妻共有住房私自卖给知情的丁;同年12月,甲的死亡宣告被撤销。下列哪些选项是正确的?①

　A. 甲、乙的婚姻关系自撤销死亡宣告之日起自行恢复
　B. 乙有权赠与该轿车
　C. 丙可不返还该轿车
　D. 甲出卖房屋的行为无效

31. `2018回忆/单`

家住甲市乙区的梁某乘坐马航飞机从马来西亚回国,途中飞机失联,至今下落不明。梁某妻子言某欲将儿子小梁送养,梁某的父母不知如何是好,向律师咨询。关于律师的答复,下列说法正确的是:②

　A. 梁某的父母、妻子申请宣告其死亡,有先后顺序的限制
　B. 梁某的父母申请宣告死亡,妻子言某申请宣告失踪,乙区区法院应根据父母的申请作出死亡宣告的判决
　C. 如果乙区区法院宣告梁某死亡,则判决作出之日为死亡日期
　D. 如果乙区区法院宣告梁某死亡但实际并未死亡的,在被宣告死亡期间梁某实施的法律行为效力未定

专题三　法人和非法人组织

考点9　法人

32. `2008/3/2/单`

德胜公司注册地在萨摩国并在该国设有总部和分支机构,但主要营业机构位于中国深圳,是一家由台湾地区凯旋集团公司全资设立的法人企

① ABC　② B

业。由于决策失误,德胜公司在中国欠下700万元债务。对此,下列哪一选项是正确的?①

A. 该债务应以深圳主营机构的全部财产清偿
B. 该债务应以深圳主营机构和萨摩国总部及分支机构的全部财产清偿
C. 无论德胜公司的全部财产能否清偿,凯旋公司都应承担连带责任
D. 当德胜公司的全部财产不足清偿时,由凯旋公司承担补充责任

33. 2010/3/4/单

根据我国法律规定,关于法人,下列哪一表述是正确的?②

A. 成立社团法人均须登记　　B. 银行均是企业法人
C. 法人之间可形成合伙型联营　D. 一人公司均不是法人

34. 2011/3/3/单

王某是甲公司的法定代表人,以甲公司名义向乙公司发出书面要约,愿以10万元价格出售甲公司的一块清代翡翠。王某在函件发出后2小时意外死亡,乙公司回函表示愿意以该价格购买。甲公司新任法定代表人以王某死亡,且未经董事会同意为由拒绝。关于该要约,下列哪一表述是正确的?③

A. 无效　　　　　　　　B. 效力待定
C. 可撤销　　　　　　　D. 有效

35. 2012/3/2/单

关于法人,下列哪一表述是正确的?④

A. 社团法人均属营利法人
B. 基金会法人均属公益法人
C. 社团法人均属公益法人
D. 民办非企业单位法人均属营利法人

36. 2013/3/52/多

下列哪些情形下,甲公司应承担民事责任?⑤

A. 甲公司董事乙与丙公司签订保证合同,乙擅自在合同上加盖甲公司公章和法定代表人丁的印章
B. 甲公司与乙公司签订借款合同,甲公司未盖公章,但乙公司已付款,且该款用于甲公司项目建设

① B ② C ③ D ④ B ⑤ ABCD

C. 甲公司法定代表人乙委托员工丙与丁签订合同,借用丁的存款单办理质押贷款用于经营
D. 甲公司与乙约定,乙向甲公司交纳保证金,甲公司为乙贷款购买设备提供担保。甲公司法定代表人丙以个人名义收取该保证金并转交甲公司出纳员入账

37． 2014/3/3/单
甲公司和乙公司在前者印制的标准格式《货运代理合同》上盖章。《货运代理合同》第四条约定:"乙公司法定代表人对乙公司支付货运代理费承担连带责任。"乙公司法定代表人李红在合同尾部签字。后双方发生纠纷,甲公司起诉乙公司,并要求此时乙公司的法定代表人李蓝承担连带责任。关于李蓝拒绝承担连带责任的抗辩事由,下列哪一表述能够成立?①
A. 第四条为无效格式条款
B. 乙公司法定代表人未在第四条处签字
C. 乙公司法定代表人的签字仅代表乙公司的行为
D. 李蓝并未在合同上签字

38． 2015/3/1/单
甲以自己的名义,用家庭共有财产捐资设立以资助治疗麻风病为目的的基金会法人,由乙任理事长。后因对该病的防治工作卓有成效使其几乎绝迹,为实现基金会的公益性,现欲改变宗旨和目的。下列哪一选项是正确的?②
A. 甲作出决定即可,因甲是创始人和出资人
B. 乙作出决定即可,因乙是法定代表人
C. 应由甲的家庭成员共同决定,因甲是用家庭共有财产捐资的
D. 应由基金会法人按照程序申请,经过上级主管部门批准

39． 2015/3/86/任
甲公司、乙公司签订的《合作开发协议》约定,合作开发的A区房屋归甲公司,B区房屋归乙公司。乙公司与丙公司签订《委托书》,委托丙公司对外销售房屋。《委托书》中委托人签字盖章处有乙公司盖章和法定代表人王某签字,王某同时也是甲公司法定代表人。张某查看《合作开发协议》和《委托书》后,与丙公司签订《房屋预订合同》,约定:"张某向丙公司预付房款

① D ② D

| 刷题表 | 时间 | 题号 | 一刷 | 二刷 | 题号 | 一刷 | 二刷 | 题号 | 一刷 | 二刷 | 题号 | 一刷 | 二刷 |

30万元,购买A区房屋一套。待取得房屋预售许可证后,双方签订正式合同。"丙公司将房款用于项目投资,全部亏损。后王某向张某出具《承诺函》:如张某不闹事,将协调甲公司卖房给张某。但甲公司取得房屋预售许可后,将A区房屋全部卖与他人。张某要求甲公司、乙公司和丙公司退回房款。张某与李某签订《债权转让协议》,将该债权转让给李某,通知了甲、乙、丙三公司。因李某未按时支付债权转让款,张某又将债权转让给方某,也通知了甲、乙、丙三公司。

关于《委托书》和《承诺函》,下列说法正确的是:①
A. 乙公司是委托人
B. 乙公司和王某是共同委托人
C. 甲公司、乙公司和王某是共同委托人
D. 《承诺函》不产生法律行为上的效果

40. 2017/3/53/多

黄逢、黄现和金耘共同出资,拟设立名为"黄金黄研究会"的社会团体法人。设立过程中,黄逢等3人以黄金黄研究会名义与某科技园签署了为期3年的商铺租赁协议,月租金5万元,押3付1。此外,金耘为设立黄金黄研究会,以个人名义向某印刷厂租赁了一台高级印刷机。关于某科技园和某印刷厂的债权,下列哪些选项是正确的?②
A. 如黄金黄研究会未成立,则某科技园的租赁债权消灭
B. 即便黄金黄研究会未成立,某科技园就租赁债权,仍可向黄逢等3人主张
C. 如黄金黄研究会未成立,则就某科技园的租赁债务,由黄逢等3人承担连带责任
D. 黄金黄研究会成立后,某印刷厂就租赁债权,既可向黄金黄研究会主张,也可向金耘主张

专题四 民事法律行为

考点10 民事法律行为的成立、类型及意思表示

41. 2019 回忆/单

12岁的甲是某中学学生,常去学校篮球场打篮球。一天,甲去篮

---

① AD ② BCD

球场打球路上买了一瓶可乐,打完篮球后,喝了一半,将剩有一半可乐的瓶子放在了篮球架边离去。后拾荒者乙捡走了可乐瓶。对此,下列说法正确的是:①

A. 甲与乙之间成立赠与合同关系
B. 甲的行为是单方抛弃
C. 甲的行为不需要意思表示
D. 可乐瓶属于遗失物

考点11 附条件、附期限的民事法律行为

42. 2008/3/6/单

甲与乙打算卖房,问乙是否愿意购买,乙一向迷信,就跟甲说:"如果明天早上7点你家屋顶上来了喜鹊,我就出10万块钱买你的房子。"甲同意。乙回家后非常后悔。第二天早上7点差几分时,恰有一群喜鹊停在甲家的屋顶上,乙正要将喜鹊赶走,甲不知情的儿子拿起弹弓把喜鹊打跑了,至7点再无喜鹊飞来。关于甲乙之间的房屋买卖合同,下列哪一选项是正确的?②

A. 合同尚未成立 B. 合同无效
C. 乙有权拒绝履行该合同 D. 乙应当履行该合同

43. 2009/3/6/单

甲将300册藏书送给乙,并约定乙不得转让给第三人,否则甲有权收回藏书。其后甲向乙交付了300册藏书。下列哪一说法是正确的?③

A. 甲与乙的赠与合同无效,乙不能取得藏书的所有权
B. 甲与乙的赠与合同无效,乙取得了藏书的所有权
C. 甲与乙的赠与合同为附条件的合同,乙不能取得藏书的所有权
D. 甲与乙的赠与合同有效,乙取得了藏书的所有权

44. 2014/3/59/多

刘某欠何某100万元货款届期未还且刘某不知所踪。刘某之子小刘为替父还债,与何某签订书面房屋租赁合同,未约定期,仅约定:"月租金1万元,用租金抵货款,如刘某出现并还清货款,本合同终止,双方再行结算。"下列哪些表述是错误的?④

A. 小刘有权随时解除合同

---

① B ② C ③ D ④ ABD

| 刷题表 | 时　间 | 题号 | 一刷 | 二刷 | 题号 | 一刷 | 二刷 | 题号 | 一刷 | 二刷 | 题号 | 一刷 | 二刷 |

B. 何某有权随时解除合同
C. 房屋租赁合同是附条件的合同
D. 房屋租赁合同是附期限的合同

考点 12 可撤销的民事法律行为

45． 2009/3/56/多

乙公司以国产牛肉为样品，伪称某国进口牛肉，与甲公司签订了买卖合同，后甲公司得知这一事实。此时恰逢某国流行疯牛病，某国进口牛肉滞销，国产牛肉价格上涨。下列哪些说法是正确的？①

A. 甲公司有权自知道样品为国产牛肉之日起一年内主张撤销该合同
B. 乙公司有权自合同订立之日起一年内主张撤销该合同
C. 甲公司有权决定履行该合同，乙公司无权拒绝履行
D. 在甲公司决定撤销该合同前，乙公司有权按约定向甲公司要求支付货款

46． 2010/3/5/单

某校长甲欲将一套住房以50万元出售。某报记者乙找到甲，出价40万元，甲拒绝。乙对甲说："我有你贪污的材料，不答应我就举报你。"甲信以为真，以40万元将该房卖与乙。乙实际并无甲贪污的材料。关于该房屋买卖合同的效力，下列哪一说法是正确的？②

A. 存在欺诈行为，属可撤销合同
B. 存在胁迫行为，属可撤销合同
C. 存在乘人之危，属可撤销合同
D. 存在重大误解，属可撤销合同

47． 2011/3/1/单

甲公司在城市公园旁开发预售期房，乙、丙等近百人一次性支付了购房款，总额近8000万元。但甲公司迟迟未开工，按期交房无望。乙、丙等购房人多次集体去甲公司交涉无果，险些引发群体性事件。面对疯涨房价，乙、丙等购房人为另行购房，无奈与甲公司签订《退款协议书》，承诺放弃数额巨大利息、违约金的支付要求，领回原购房款。经咨询，乙、丙等购房人起诉甲公司。下列哪一说法准确体现了公平正义的有关要求？③

A.《退款协议书》虽是当事人真实意思表示，但为兼顾情理，法院应当依

① ACD　② B　③ C

据购房人的要求变更该协议,由甲公司支付利息和违约金

B.《退款协议书》是甲公司胁迫乙、丙等人订立的,为确保合法合理,法院应当依据购房人的要求宣告该协议无效,由甲公司支付利息和违约金

C.《退款协议书》的订立显失公平,为保护购房人的利益,法院应当依据购房人的要求撤销该协议,由甲公司支付利息和违约金

D.《退款协议书》损害社会公共利益,为确保利益均衡,法院应当依据购房人的要求撤销该协议,由甲公司支付利息和违约金

48. 2011/3/53/多

关于意思表示法律效力的判断,下列哪些选项是正确的?①

A. 甲在商场购买了一台液晶电视机,回家后发现其妻乙已在另一商场以更低折扣订了一台液晶电视机。甲认为其构成重大误解,有权撤销买卖

B. 甲向乙承诺,以其外籍华人身份在婚后为乙办外国绿卡。婚后,乙发现甲是在逃通缉犯。乙有权以甲欺诈为由撤销婚姻

C. 甲向乙银行借款,乙银行要求甲提供担保。丙为帮助甲借款,以举报丁偷税漏税相要挟,迫使其为甲借款提供保证,乙银行对此不知情。丁有权以其受到胁迫为由撤销保证

D. 甲患癌症,其妻乙和医院均对甲隐瞒其病情。经与乙协商,甲投保人身保险,指定身故受益人为乙。保险公司有权以乙欺诈为由撤销合同

49. 2012/3/3/单 新法改编

下列哪一情形构成重大误解,属于可撤销的民事行为?②

A. 甲立下遗嘱,误将乙的字画分配给继承人

B. 甲装修房屋,误以为乙的地砖为自家所有,并予以使用

C. 甲入住乙宾馆,误以为乙宾馆提供的茶叶是无偿的,并予以使用

D. 甲要购买电动车,误以为精神病人乙是完全民事行为能力人,并与之签订买卖合同

50. 2012/3/54/多

甲委托乙采购一批电脑,乙受丙诱骗高价采购了一批劣质手机。丙一直以销售劣质手机为业,甲对此知情。关于手机买卖合同,下列表述是正确的?③

① CD ② C ③ ABC

刷题表	时 间	题号	一刷	二刷	题号	一刷	二刷	题号	一刷	二刷	题号	一刷	二刷

A. 甲有权追认　　　　　　　B. 甲有权撤销
C. 乙有权以甲的名义撤销　　D. 丙有权撤销

51. 2013/3/3/单
下列哪一情形下,甲对乙不构成胁迫?①
A. 甲说,如不出借1万元,则举报乙犯罪。乙照办,后查实乙构成犯罪
B. 甲说,如不将藏獒卖给甲,则举报乙犯罪。乙照办,后查实乙不构成犯罪
C. 甲说,如不购甲即将报废的汽车,将公开乙的个人隐私。乙照办
D. 甲说,如不赔偿乙撞伤甲的医疗费,则举报乙醉酒驾车。乙照办,甲取得医疗费和慰问金

52. 2013/3/4/单
甲用伪造的乙公司公章,以乙公司名义与不知情的丙公司签订食用油买卖合同,以次充好,将劣质食用油卖给丙公司。合同没有约定仲裁条款。关于该合同,下列哪一表述是正确的?②
A. 如乙公司追认,则丙公司有权通知乙公司撤销
B. 如乙公司追认,则丙公司有权请求法院撤销
C. 无论乙公司是否追认,丙公司均有权通知乙公司撤销
D. 无论乙公司是否追认,丙公司均有权要求乙公司履行

53. 2015/3/2/多
甲以23万元的价格将一辆机动车卖给乙。该车因里程表故障显示行驶里程为4万公里,但实际行驶了8万公里,市值为16万元。甲明知有误,却未向乙说明,乙误以为真。乙的下列哪些请求是错误的?③
A. 以甲欺诈为由请求法院变更合同,在此情况下法院不得判令撤销合同
B. 请求甲减少价款至16万元
C. 以重大误解为由,致函甲请求撤销合同,合同自该函到达甲时即被撤销
D. 请求甲承担缔约过失责任

54. 2015/3/52/多
某旅游地的纪念品商店出售秦始皇兵马俑的复制品,价签标名为"秦始皇兵马俑",2800元一个。王某购买了一个,次日,王某以其购买的"秦

---

① D　② B　③ AC(原答案为C)。原为单选题,根据新法答案有变化,调整为多选题

刷题表	时　间	题号	一刷	二刷	题号	一刷	二刷	题号	一刷	二刷	题号	一刷	二刷

始皇兵马俑"为复制品而非真品属于欺诈为由,要求该商店退货并赔偿。下列哪些表述是错误的?①

A. 商店的行为不属于欺诈,真正的"秦始皇兵马俑"属于法律规定不能买卖的禁止流通物
B. 王某属于重大误解,可请求撤销买卖合同
C. 商店虽不构成积极欺诈,但构成消极欺诈,因其没有标明为复制品
D. 王某有权请求撤销合同,并可要求商店承担缔约过失责任

55． 2016/3/3/单

潘某去某地旅游,当地玉石资源丰富,且盛行"赌石"活动,买者购买原石后自行剖切,损益自负。潘某花 5000 元向某商家买了两块原石,切开后发现其中一块为极品玉石,市场估价上百万元。商家深觉不公,要求潘某退还该玉石或补交价款。对此,下列哪一选项是正确的?②

A. 商家无权要求潘某退货
B. 商家可基于公平原则要求潘某适当补偿
C. 商家可基于重大误解而主张撤销交易
D. 商家可基于显失公平而主张撤销交易

56． 2016/3/59/多

甲隐瞒了其所购别墅内曾发生恶性刑事案件的事实,以明显低于市场价的价格将其转卖给乙;乙在不知情的情况下,放弃他人以市场价出售的别墅,购买了甲的别墅。几个月后乙获悉实情,向法院申请撤销合同。关于本案,下列哪些说法是正确的?③

A. 乙须在得知实情后一年内申请法院撤销合同
B. 如合同被撤销,甲须赔偿乙在订立及履行合同过程当中支付的各种必要费用
C. 如合同被撤销,乙有权要求甲赔偿主张撤销时别墅价格与此前订立合同时别墅价格的差价损失
D. 合同撤销后乙须向甲支付合同撤销前别墅的使用费

57． 2017/3/3/单

齐某扮成建筑工人模样,在工地旁摆放一尊廉价购得的旧蟾蜍石雕,冒充新挖出文物等待买主。甲曾以 5000 元从齐某处买过一尊同款石雕,

---

① BCD　② A　③ ABCD

| 刷题表 | 时 间 | 题号 | 一刷 | 二刷 | 题号 | 一刷 | 二刷 | 题号 | 一刷 | 二刷 | 题号 | 一刷 | 二刷 |

发现被骗后正在和齐某交涉时,乙过来询问。甲有意让乙也上当,以便要回被骗款项,未等齐某开口便对乙说:"我之前从他这买了一个貔貅,转手就赚了,这个你不要我就要了。"乙信以为真,以5000元买下石雕。关于所涉民事法律行为的效力,下列哪一说法是正确的?①

A. 乙可向甲主张撤销其购买行为
B. 乙可向齐某主张撤销其购买行为
C. 甲不得向齐某主张撤销其购买行为
D. 乙的撤销权自购买行为发生之日起2年内不行使则消灭

58． 2017/3/10/单

陈老伯考察郊区某新楼盘时,听销售经理介绍周边有轨道交通19号线,出行方便,便与开发商订立了商品房预售合同。后经了解,轨道交通19号线属市域铁路,并非地铁,无法使用老年卡,出行成本较高;此外,铁路房的升值空间小于地铁房。陈老伯深感懊悔。关于陈老伯可否反悔,下列哪一说法是正确的?②

A. 属认识错误,可主张撤销该预售合同
B. 属重大误解,可主张撤销该预售合同
C. 该预售合同显失公平,陈老伯可主张撤销该合同
D. 开发商并未欺诈陈老伯,该预售合同不能被撤销

59． 2018回忆/单

钱某有一幅祖传名画,市值百万元。高某欲低价购入,联合艺术品鉴定家李某欺骗钱某说是赝品,价值不超过10万元。钱某信以为真,但是,未将画卖给高某,而是以15万元的价格卖给了不知情的陈某。对此,下列哪一个说法是正确的?③

A. 因陈某乘人之危,故钱某可撤销与陈某的买卖合同
B. 因高某受欺诈,钱某可撤销与陈某的买卖合同
C. 属于重大误解,钱某可撤销与陈某的买卖合同
D. 属于显失公平,钱某可撤销与陈某的买卖合同

60． 2019回忆/多

甲家中有一块祖传玉佩,某大学教授乙颇为喜爱,几次欲向甲购买均被甲拒绝。2016年3月1日,丙因为自己孩子上大学之事有求于乙,故

① B ② D ③ C

暗中找到甲,称如果不将玉佩卖给乙,就将甲正上高一的儿子的腿打断一条。甲心生恐惧,遂主动找到乙,将玉佩以 8 万元的价格卖给了不知情的乙。2018 年 3 月 1 日,甲的儿子顺利去英国留学,不再因丙的威胁而感到恐惧,故向法院起诉,欲撤销买卖合同。3 月 10 日,法院经查,甲祖传的玉佩为赝品,市价仅为 800 元,甲出卖时对此不知情,乙此时方获悉自己购买的玉佩为赝品。对此,下列哪些说法是错误的?①

A. 因为乙对于胁迫不知情,故甲不能撤销与乙之间的买卖合同
B. 乙可以欺诈为由撤销买卖合同
C. 甲以受到胁迫为由撤销合同的权利因为超过了 1 年的除斥期间而消灭
D. 乙以重大误解撤销合同的权利应在 2018 年 6 月 10 日前行使

61． 2019 回忆/单

前程公司法定代表人范某被大洋公司派人极力劝酒灌醉后,大洋公司在其意识模糊之时乘机与其签订合同,合同内容违背前程公司商业规划且对前程公司严重不利。前程公司可以何种理由主张撤销合同?②

A. 恶意欺诈
B. 重大误解
C. 乘人之危
D. 显失公平

62． 2021 回忆/任

甲见一家餐馆生意很好,在餐馆吃饭时,乘机将事先做好的一张付款二维码粘贴在餐桌原有的付款二维码上。乙到这家餐馆用餐后,扫描了甲粘贴的二维码,向甲支付了 500 元餐费。对于本案,下列说法错误的是:③

A. 餐馆可向甲主张侵权责任或不当得利
B. 乙的意思表示未生效
C. 乙可基于重大误解撤销所订立的餐饮合同
D. 甲构成无权代理

63． 2023 回忆/单

张某到某地旅游,在朱某经营的路边店铺购买豆浆时,发现朱某用来盛放豆浆的小碗花色古朴,甚是好看,遂提出购买留作纪念,双方约定价款为 20 元。张某的朋友谭某是古董专家,一次到张某家做客时看到该小碗,

① ABCD ② D ③ BCD

| 刷题表 | 时 间 | 题号 | 一刷 | 二刷 | 题号 | 一刷 | 二刷 | 题号 | 一刷 | 二刷 | 题号 | 一刷 | 二刷 |

疑是古董,后经鉴定为明代某官窑出土的古董。朱某得知后,欲起诉撤销合同。关于朱某起诉撤销合同的事由,下列哪一选项是正确的?①

A. 重大误解
B. 显失公平
C. 欺诈
D. 胁迫

考点 13 效力待定的民事法律行为

64. 2011/3/58/多

下列甲与乙签订的哪些合同有效?②

A. 甲与乙签订商铺租赁合同,约定待办理公证后合同生效。双方未办理合同公证,甲交付商铺后,乙支付了第1个月的租金
B. 甲与乙签署股权转让协议,约定甲将其对丙公司享有的90%股权转让给乙,乙支付1亿元股权受让款。但此前甲已将该股权转让给丁
C. 甲与乙签订相机买卖合同,相机尚未交付,也未付款。后甲又就出卖该相机与丙签订买卖合同
D. 甲将商铺出租给丙后,将该商铺出卖给乙,但未通知丙

65. 甲公司与乙公司约定,由甲公司向乙公司交付1吨药材,乙公司付款100万元。乙公司将药材转卖给丙公司,并约定由甲公司向丙公司交付,丙公司收货后3日内应向乙支付价款120万元。

张某以自有汽车为乙公司的债权提供抵押担保,未办理抵押登记。抵押合同约定:"在丙公司不付款时,乙公司有权就出卖该汽车的价款清偿自己的债权。"李某为这笔货款出具担保函:"在丙公司不付款时,由李某承担保证责任"。丙公司收到药材后未依约向乙公司支付120万元,乙公司向张某主张实现抵押权,同时要求李某承担保证责任。

张某见状,便将其汽车赠与刘某。刘某将该汽车作为出资,与钱某设立丁酒店有限责任公司,并办理完出资手续。

丁公司员工方某驾驶该车接送酒店客人时,为躲避一辆逆行摩托车,将行人赵某撞伤。方某自行决定以丁公司名义将该车放在戊公司维修,为获得维修费的八折优惠,方某以其名义在与戊公司相关的庚公司为该车购买一套全新座垫。汽车修好后,方某将车取走交丁公司投入运营。戊公司要求丁公司支付维修费,否则对汽车行使留置权,丁公司回函请宽限一周。庚公司要求丁公司支付座垫费,丁公司拒绝。请回答第(1)、(2)题。

① A ② ABCD(原答案为ACD)

（1） 2011/3/86/任

关于乙公司与丙公司签订合同的效力，下列表述正确的是：①
A. 效力待定
B. 为甲公司设定义务的约定无效
C. 有效
D. 无效

（2） 2011/3/91/任

关于座垫费和维修费，下列表述正确的是：②
A. 方某应向庚公司支付座垫费
B. 丁公司应向庚公司支付座垫费
C. 丁公司应向戊公司支付维修费
D. 戊公司有权将汽车留置

66． 2012/3/86/任

甲公司将1台挖掘机出租给乙公司，为担保乙公司依约支付租金，丙公司担任保证人，丁公司以机器设备设置抵押。乙公司欠付10万元租金时，经甲公司、丙公司和丁公司口头同意，将6万元租金债务转让给戊公司。之后，乙公司为现金周转将挖掘机分别以45万元和50万元的价格先后出卖给丙公司和丁公司，丙公司和丁公司均已付款，但乙公司没有依约交付挖掘机。

因乙公司一直未向甲公司支付租金，甲公司便将挖掘机以48万元的价格出卖给王某，约定由乙公司直接将挖掘机交付给王某，王某首期付款20万元，尾款28万元待收到挖掘机后支付。此事，甲公司通知了乙公司。

王某未及取得挖掘机便死亡。王某临终立遗嘱，其遗产由其子大王和小王继承，遗嘱还指定小王为遗嘱执行人。因大王一直在外地工作，同意王某遗产由小王保管，没有进行遗产分割。在此期间，小王将挖掘机出卖给方某，没有征得大王的同意。

关于乙公司与丙公司、丁公司签订挖掘机买卖合同的效力，下列表述错误的是：③
A. 乙公司可以主张其与丙公司的买卖合同无效
B. 丙公司可以主张其与乙公司的买卖合同无效
C. 乙公司可以主张其与丁公司的买卖合同无效

---

① C ② AC ③ ABCD

D. 丁公司可以主张其与乙公司的买卖合同无效

67. 2014/3/86/任

张某、方某共同出资,分别设立甲公司和丙公司。2013年3月1日,甲公司与乙公司签订了开发某房地产项目的《合作协议一》,约定如下:"甲公司将丙公司10%的股权转让给乙公司,乙公司在协议签订之日起三日内向甲公司支付首付款4000万元,尾款1000万元在次年3月1日之前付清。首付款用于支付丙公司从某国土部门购买A地块土地使用权。如协议签订之日起三个月内丙公司未能获得A地块土地使用权致双方合作失败,乙公司有权终止协议。"

《合作协议一》签订后,乙公司经甲公司指示向张某、方某支付了4000万元首付款。张某、方某配合甲公司将丙公司的10%的股权过户给了乙公司。

关于《合作协议一》,下列表述正确的是:①

A. 是无名合同

B. 对股权转让的约定构成无权处分

C. 效力待定

D. 有效

68. 2015/3/89/任

顺风电器租赁公司将一台电脑出租给张某,租期为2年。在租赁期间内,张某谎称电脑是自己的,分别以市价与甲、乙、丙签订了三份电脑买卖合同并收取了三份价款,但张某把电脑实际交付给了乙。后乙的这台电脑被李某拾得,因暂时找不到失主,李某将电脑出租给王某获得很高收益。王某租用该电脑时出了故障,遂将电脑交给康成电脑维修公司维修。王某和李某就维修费的承担发生争执。康成公司因未收到修理费而将电脑留置,并告知王某如7天内不交费,将变卖电脑抵债。李某听闻后,于当日潜入康成公司偷回电脑。

关于张某与甲、乙、丙的合同效力,下列选项正确的是:②

A. 张某非电脑所有权人,其出卖为无权处分,与甲、乙、丙签订的合同无效

B. 张某是合法占有人,其与甲、乙、丙签订的合同有效

C. 乙接受了张某的交付,取得电脑所有权

D. 张某不能履行对甲、丙的合同义务,应分别承担违约责任

---

① ABD ② BCD

考点 14 无效的民事法律行为

69. 2012/3/52/多

下列哪些情形属于无效合同?①

A. 甲医院以国产假肢冒充进口假肢,高价卖给乙
B. 甲乙双方为了在办理房屋过户登记时避税,将实际成交价为 100 万元的房屋买卖合同价格写为 60 万元
C. 有妇之夫甲委托未婚女乙代孕,约定事成后甲补偿乙 50 万元
D. 甲父患癌症急需用钱,乙趁机以低价收购甲收藏的 1 幅名画,甲无奈与乙签订了买卖合同

70. 2013/3/53/多

甲、乙之间的下列哪些合同属于有效合同?②

A. 甲与丙离婚期间,用夫妻共同存款向乙公司购买保险,指定自己为受益人
B. 甲将其宅基地抵押给同村外嫁他村的乙用于借款
C. 甲将房屋卖给精神病人乙,合同履行后房价上涨
D. 甲驾车将流浪精神病人撞死,因查找不到死者亲属,乙民政部门代其与甲达成赔偿协议

71. 2014/3/54/多

杜某拖欠谢某 100 万元。谢某请求杜某以登记在其名下的房屋抵债时,杜某称其已把房屋作价 90 万元卖给赖某,房屋钥匙已交,但产权尚未过户。该房屋市值为 120 万元。关于谢某权利的保护,下列哪些表述是错误的?③

A. 谢某可请求法院撤销杜某、赖某的买卖合同
B. 因房屋尚未过户,杜某、赖某买卖合同无效
C. 如谢某能举证杜某、赖某构成恶意串通,则杜某、赖某买卖合同无效
D. 因房屋尚未过户,房屋仍属杜某所有,谢某有权直接取得房屋的所有权以实现其债权

72. 2015/3/3/单

张某和李某设立的甲公司伪造房产证,以优惠价格与乙企业(国有)签订房屋买卖合同,以骗取钱财。乙企业交付房款后,因甲公司不能交房

① BC ② AD ③ ABD

而始知被骗。关于乙企业可以采取的民事救济措施,下列哪一选项是正确的?①

A. 以甲公司实施欺诈损害国家利益为由主张合同无效
B. 只能请求撤销合同
C. 通过乙企业的主管部门主张合同无效
D. 可以请求撤销合同,也可以不请求撤销合同而要求甲公司承担违约责任

73. `2019 回忆/单`

甲乙协议以500万元转让房屋,为避税签署了两份房屋的转让合同,第一份约定为500万元,交易价格以该份合同为准;第二份合同为网络备案合同,约定为300万元。以下说法正确的是:②

A. 两份合同都无效
B. 第一份合同有效,第二份合同部分无效
C. 第一份合同部分无效,第二份合同有效
D. 两份合同都有效

专题五　代理

考点15　代理的概念与类型

74. `2008/3/3/单`

甲委托乙购买一套机械设备,但要求以乙的名义签订合同,乙同意,遂与丙签订了设备购买合同。后由于甲的原因,乙不能按时向丙支付设备款。在乙向丙说明了自己是受甲委托向丙购买机械设备后,关于丙的权利,下列哪一选项是正确的?③

A. 只能要求甲支付
B. 只能要求乙支付
C. 可选择要求甲或乙支付
D. 可要求甲和乙承担连带责任

75. `2011/3/4/单`

甲委托乙销售一批首饰并交付,乙经甲同意转委托给丙。丙以其名义与丁签订买卖合同,约定将这批首饰以高于市场价10%的价格卖给丁,并赠其一批箱包。丙因此与戊签订箱包买卖合同。丙依约向丁交付首饰,但因戊不能向丙交付箱包,导致丙无法向丁交付箱包。丁拒绝向丙支付首饰款。

① D　② B　③ C

下列哪一表述是正确的?①
A. 乙的转委托行为无效
B. 丙与丁签订的买卖合同直接约束甲和丁
C. 丙应向甲披露丁,甲可以行使丙对丁的权利
D. 丙应向丁披露戊,丁可以行使丙对戊的权利

76. 2012/3/53/多
下列哪些情形属于代理?②
A. 甲请乙从国外代购1套名牌饮具,乙自己要买2套,故乙共买3套一并结账
B. 甲请乙代购茶叶,乙将甲写好茶叶名称的纸条交给销售员,告知其是为自己朋友买茶叶
C. 甲律师接受法院指定担任被告乙的辩护人
D. 甲介绍歌星乙参加某演唱会,并与主办方签订了三方协议

77. 2015/3/4/单
甲公司与15周岁的网络奇才陈某签订委托合同,授权陈某为甲公司购买价值不超过50万元的软件。陈某的父母知道后,明确表示反对。关于委托合同和代理权授予的效力,下列哪一表述是正确的?③
A. 均无效,因陈某的父母拒绝追认
B. 均有效,因委托合同仅需简单智力投入,不会损害陈某的利益,其父母是否追认并不重要
C. 是否有效,需确认陈某的真实意思,其父母拒绝追认,甲公司可向法院起诉请求确认委托合同的效力
D. 委托合同因陈某的父母不追认而无效,但代理权授予是单方法律行为,无需追认即有效

78. 2021 回忆/任
甲偷了乙的电动自行车,告知了丙实情并委托丙进行出售,获利平分。丙将该车以甲的名义卖给了不知情的丁,丁按照市场价格付了款。对此,下列说法不正确的是:④
A. 丙的行为构成无权处分
B. 丙的行为构成无权代理

---

① C ② ABC ③ D ④ ABC

C. 丁对该车构成善意取得
D. 对于乙的损失,甲与丙应承担连带责任

考点16 代理权及其限制

79. 2016/3/4/单

甲公司员工唐某受公司委托从乙公司订购一批空气净化机,甲公司对净化机单价未作明确限定。唐某与乙公司私下商定将净化机单价比正常售价提高200元,乙公司给唐某每台100元的回扣。商定后,唐某以甲公司名义与乙公司签订了买卖合同。对此,下列哪一选项是正确的?①

A. 该买卖合同以合法形式掩盖非法目的,因而无效
B. 唐某的行为属无权代理,买卖合同效力待定
C. 乙公司行为构成对甲公司的欺诈,买卖合同属可变更、可撤销合同
D. 唐某与乙公司恶意串通损害甲公司的利益,应对甲公司承担连带责任

考点17 无权代理

80. 2009/3/4/单

下列哪一情形构成无权代理?②
A. 甲冒用乙的姓名从某杂志社领取乙的论文稿酬据为己有
B. 某公司董事长超越权限以本公司名义为他人提供担保
C. 刘某受同学周某之托冒充丁某参加求职面试
D. 关某代收某推销员谎称关某的邻居李某订购的保健品并代为付款

81. 2010/3/51/多

张某到王某家聊天,王某去厕所时张某帮其接听了刘某打来的电话。刘某欲向王某订购一批货物,请张某转告,张某应允。随后张某感到有利可图,没有向王某转告订购之事,而是自己低价购进了刘某所需货物,以王某名义交货并收取了刘某货款。关于张某将货物出卖给刘某的行为的性质,下列哪些说法是正确的?③

A. 无权代理
B. 无因管理
C. 不当得利
D. 效力待定

82. 2015/3/9/单

甲去购买彩票,其友乙给甲10元钱让其顺便代购彩票,同时告知

---

① D ② D ③ AD

购买号码,并一再嘱咐甲不要改变。甲预测乙提供的号码不能中奖,便擅自更换号码为乙购买了彩票并替乙保管。开奖时,甲为乙购买的彩票中了奖,二人为奖项归属发生纠纷。下列哪一分析是正确的?①

A. 甲应获得该奖项,因按乙的号码无法中奖,甲、乙之间应类推适用借贷关系,由甲偿还乙10元
B. 甲、乙应平分该奖项,因乙出了钱,而甲更换了号码
C. 甲的贡献大,应获得该奖项之大部,同时按比例承担彩票购买款
D. 乙应获得该奖项,因乙是委托人

83. 2018回忆/多

王某是九联公司某地分公司的负责人,因个人事务欠李某1000万元。李某要求在欠条保证人一栏加盖九联分公司的公章。王某表示,自己没有被公司授权订立保证合同,且向李某出具了总公司的书面授权文件,李某依然坚持加盖,最终,王某同意加盖了分公司的公章。对此,下列哪些说法是正确的?②

A. 王某构成表见代理
B. 王某构成无权代理
C. 九联公司应当承担保证责任
D. 九联公司不承担保证责任

84. 2019回忆/单

甲谎称自己是乙,以乙的名义向丙借款,借期一年,让丙将借款打入其指定的账户。丙觉得既然是借给乙,且自己知道乙的银行卡号,为省事,丙直接将钱款打入乙的账户。乙正好缺钱,收到丙的钱后对甲、丙表示感谢。对此,下列说法正确的是?③

A. 甲的行为构成无权代理
B. 甲的行为构成无因管理
C. 甲的行为使乙、丙间成立不当得利
D. 约定的期限届满后,丙有权请求乙偿还借款

考点18 表见代理

85. 2014/3/52/多

吴某是甲公司员工,持有甲公司授权委托书。吴某与温某签订了

---

① D ② BD ③ D

| 刷题表 | 时 间 | 题号 | 一刷 | 二刷 | 题号 | 一刷 | 二刷 | 题号 | 一刷 | 二刷 | 题号 | 一刷 | 二刷 |

借款合同,该合同由温某签字、吴某用甲公司合同专用章盖章。后温某要求甲公司还款。下列哪些情形有助于甲公司否定吴某的行为构成表见代理?①

A. 温某明知借款合同上的盖章是甲公司合同专用章而非甲公司公章,未表示反对
B. 温某未与甲公司核实,即将借款交给吴某
C. 吴某出示的甲公司授权委托书载明甲公司仅授权吴某参加投标活动
D. 吴某出示的甲公司空白授权委托书已届期

86. 2015/3/87/任

甲公司、乙公司签订的《合作开发协议》约定,合作开发的A区房屋归甲公司、B区房屋归乙公司。乙公司与丙公司签订《委托书》,委托丙公司对外销售房屋。《委托书》中委托人签字盖章处有乙公司盖章和法定代表人王某签字,王某同时也是甲公司法定代表人。张某查看《合作开发协议》和《委托书》后,与丙公司签订《房屋预订合同》,约定:"张某向丙公司预付房款30万元,购买A区房屋一套。待取得房屋预售许可证后,双方签订正式合同。"丙公司将房款用于项目投资,全部亏损。后王某向张某出具《承诺函》:如张某不闹事,将协调甲公司卖房给张某。但甲公司取得房屋预售许可后,将A区房屋全部卖与他人。张某要求甲公司、乙公司和丙公司退回房款。张某与李某签订《债权转让协议》,将该债权转让给李某,通知了甲、乙、丙三公司。因李某未按时支付债权转让款,张某又将债权转让给方某,也通知了甲、乙、丙三公司。

关于《房屋预订合同》,下列说法正确的是:②

A. 无效
B. 对于甲公司而言,丙公司构成无权处分
C. 对于乙公司而言,丙公司构成有效代理
D. 对于张某而言,丙公司构成表见代理

专题六 诉讼时效与期间

考点19 诉讼时效

87. 2009/3/5/单

诉讼时效因当事人一方提出要求而中断,下列哪一情形不能产生

① CD ② B

诉讼时效中断的效力?①

A. 对方当事人在当事人主张权利的文书上签字、盖章的
B. 当事人一方以发送信件或数据电文方式主张权利,该信件或数据电文应当到达对方当事人的
C. 当事人一方为金融机构,依照法律规定或当事人约定从对方当事人账户中扣收欠款本息的
D. 当事人一方下落不明,对方当事人在下落不明当事人一方住所地的县(市)级有影响的媒体上刊登具有主张权利内容的公告的

88. 2009/3/52/多

关于诉讼时效的表述,下列哪些选项是正确的?②

A. 当事人可以对债权请求权提出诉讼时效抗辩,但法律规定的有些债权请求权不适用诉讼时效的规定
B. 当事人不能约定延长或缩短诉讼时效期间,也不能预先放弃诉讼时效利益
C. 当事人未提出诉讼时效抗辩的,法院不应对诉讼时效问题进行阐明及主动适用诉讼时效的规定进行裁判
D. 当事人在一审、二审期间都可以提出诉讼时效抗辩

89. 2010/3/52/多

某公司因合同纠纷的诉讼时效问题咨询律师。关于律师的答复,下列哪些选项是正确的?③

A. 当事人不得违反法律规定,约定延长或者缩短诉讼时效期间、预先放弃诉讼时效利益
B. 当事人约定同一债务分期履行的,诉讼时效期间从最后一期履行期限届满之日起计算
C. 当事人在一审期间未提出诉讼时效抗辩的,二审期间不能提出该抗辩
D. 诉讼时效届满,当事人一方向对方当事人作出同意履行义务意思表示的,不得再以时效届满为由进行抗辩

90. 2011/3/5/单

关于诉讼时效中断的表述,下列哪一选项是正确的?④

A. 甲欠乙10万元到期未还,乙要求甲先清偿8万元。乙的行为,仅导致

---

① D ② ABC ③ ABD ④ B

8万元债务诉讼时效中断
B. 甲和乙对丙因共同侵权而需承担连带赔偿责任计10万元,丙要求甲承担8万元。丙的行为,导致甲和乙对内负担的连带债务诉讼时效均中断
C. 乙欠甲8万元,丙欠乙10万元,甲对丙提起代位权诉讼。甲的行为,不会导致丙对乙的债务诉讼时效中断
D. 乙欠甲10万元,甲将该债权转让给丙。自甲与丙签订债权转让协议之日起,乙的10万元债务诉讼时效中断

91． 2012/3/5/单
关于诉讼时效,下列哪一选项是正确的?①
A. 甲借乙5万元,向乙出具借条,约定1周之内归还。乙债权的诉讼时效期间从借条出具日起计算
B. 甲对乙享有10万元货款债权,丙是连带保证人,甲对丙主张权利,会导致10万元货款债权诉讼时效中断
C. 甲向银行借款100万元,乙提供价值80万元房产作抵押,银行实现对乙的抵押权后,会导致剩余的20万元主债务诉讼时效中断
D. 甲为乙欠银行的50万元债务提供一般保证。甲不知50万元主债务诉讼时效期间届满,放弃先诉抗辩权,承担保证责任后不得向乙追偿

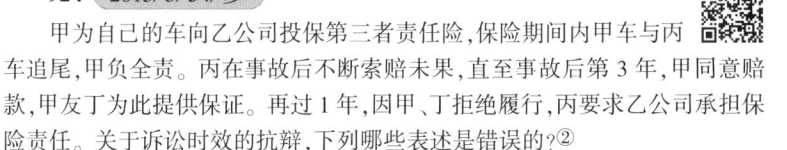

92． 2013/3/54/多
甲为自己的车向乙公司投保第三者责任险,保险期间内甲车与丙车追尾,甲负全责。丙在事故后不断索赔未果,直至事故后第3年,甲同意赔款,甲友丁为此提供保证。再过1年,因丁、丁拒绝履行,丙要求乙公司承担保险责任。关于诉讼时效的抗辩,下列哪些表述是错误的?②
A. 甲有权以侵权之债诉讼时效已过为由不向丙支付赔款
B. 丁有权以侵权之债诉讼时效已过为由不承担保证责任
C. 乙公司有权以侵权之债诉讼时效已过为由不承担保险责任
D. 乙公司有权以保险合同之债诉讼时效已过为由不承担保险责任

93． 2014/3/5/单
甲公司向乙公司催讨一笔已过诉讼时效期限的10万元货款。乙公司书面答复称:"该笔债务已过时效期限,本公司本无义务偿还,但鉴于双

---

① C ② ABCD

方的长期合作关系,可偿还3万元。"甲公司遂向法院起诉,要求偿还10万元。乙公司接到应诉通知书面回函甲公司称:"既然你公司起诉,则不再偿还任何货款。"下列哪一选项是正确的?①

A. 乙公司的书面答复意味着乙公司需偿还甲公司3万元
B. 乙公司的书面答复构成要约
C. 乙公司的书面回函对甲公司有效
D. 乙公司的书面答复表明其丧失了10万元的时效利益

94. 2014/3/53/多

下列哪些请求不适用诉讼时效?②

A. 当事人请求撤销合同
B. 当事人请求确认合同无效
C. 业主大会请求业主缴付公共维修基金
D. 按份共有人请求分割共有物

95. 2017/3/4/单

甲公司开发的系列楼盘由乙公司负责安装电梯设备。乙公司完工并验收合格投入使用后,甲公司一直未支付工程款,乙公司也未催要。诉讼时效期间届满后,乙公司组织工人到甲公司讨要。因高级管理人员均不在,甲公司新录用的法务小王,擅自以公司名义签署了同意履行付款义务的承诺函,工人们才散去。其后,乙公司提起诉讼。关于本案的诉讼时效,下列哪一说法是正确的?③

A. 甲公司仍可主张诉讼时效抗辩
B. 因乙公司提起诉讼,诉讼时效中断
C. 法院可主动适用诉讼时效的规定
D. 因甲公司同意履行债务,其不能再主张诉讼时效抗辩

96. 2020 回忆/多

某日,甲未经邻居乙同意,将其平时作业用的大型油罐车停在了乙家的院子里,并骑走了乙家未上锁的自行车。3年后,针对乙的下列哪些请求权,甲可以主张诉讼时效抗辩?④

A. 停止侵害　　　　　　B. 消除危险
C. 返还财产　　　　　　D. 损害赔偿

---

① A　② ABCD　③ A　④ CD

刷题表	时 间	题号	一刷	二刷	题号	一刷	二刷	题号	一刷	二刷	题号	一刷	二刷

第二编 物 权

专题七 物权概述

考点20 物权变动的含义

97. 2008/3/10/单

下列哪一选项属于所有权的继受取得?①
A. 甲通过遗嘱继承其兄房屋一间
B. 乙的3万元存款得利息1000元
C. 丙购来木材后制成椅子一把
D. 丁拾得他人搬家时丢弃的旧电扇一台

考点21 基于法律行为的不动产物权变动

98. 甲继承了一套房屋,在办理产权登记前将房屋出卖并交付给乙,办理产权登记后又将该房屋出卖给丙并办理了所有权移转登记。丙受丁胁迫将房屋出卖给丁,并完成了移转登记。丁旋即将房屋出卖并移转登记于戊。请回答(1)、(2)题。

(1) 2008/3/95/任

关于甲、乙、丙三方的关系,下列选项正确的是:②
A. 甲与乙之间的房屋买卖合同因未办理登记而无效
B. 乙对房屋的占有是合法占有
C. 乙可以诉请法院宣告甲与丙之间的房屋买卖合同无效
D. 丙已取得该房屋的所有权

(2) 2008/3/96/任

关于戊的权利状态,下列选项正确的是:③
A. 戊享有该房屋的所有权
B. 戊不享有该房屋的所有权
C. 戊原始取得该房屋的所有权
D. 戊继受取得该房屋的所有权

---

① A ② BD ③ AD

99． 2015/3/5/单

甲与乙签订《协议》，由乙以自己名义代甲购房，甲全权使用房屋并获取收益。乙与开发商和银行分别签订了房屋买卖合同和贷款合同。甲把首付款和月供款给乙，乙再给开发商和银行，房屋登记在乙名下。后甲要求乙过户，乙主张是自己借款购房。下列哪一选项是正确的？①

A. 甲有权提出更正登记
B. 房屋登记在乙名下，甲不得请求乙过户
C.《协议》名为代购房关系，实为借款购房关系
D. 如乙将房屋过户给不知《协议》的丙，丙支付合理房款则构成善意取得

考点22 基于法律行为的动产物权变动

100． 2008/3/9/单

甲将自己收藏的一幅名画卖给乙，乙当场付款，约定5天后取画。丙听说后，表示愿出比乙高的价格购买此画，甲当即决定卖给丙，约定第二天交货。乙得知此事，诱使甲8岁的儿子从家中取出此画给自己。该画在由乙占有期间，被丁盗走。此时该名画的所有权属于下列哪个人？②

A. 甲　　　　　　　　　B. 乙
C. 丙　　　　　　　　　D. 丁

101． 2010/3/6/多　新法改编

甲将一辆汽车以15万元卖给乙，乙付清全款，双方约定7日后交付该车并办理过户手续。丙知道此交易后，向甲表示愿以18万元购买，甲当即答应并与丙办理了过户手续。乙起诉甲、丙，要求判令汽车归己所有，并赔偿因不能及时使用汽车而发生的损失。关于该汽车的归属，下列哪些说法是不正确的？③

A. 归乙所有，甲、丙应赔偿乙的损失
B. 归乙所有，乙只能请求甲承担赔偿责任
C. 归丙所有，但甲、丙应赔偿乙的损失
D. 归丙所有，但丙应赔偿乙的损失

102． 2012/3/89/任

甲公司将1台挖掘机出租给乙公司，为担保乙公司依约支付租

---

① A　② A　③ ABCD（原答案为A）。原为单选题，根据新法答案有变化，调整为多选题

金,丙公司担任保证人,丁公司以机器设备设置抵押。乙公司欠付10万元租金时,经甲公司、丙公司和丁公司口头同意,将6万元租金债务转让给戊公司。之后,乙公司为现金周转将挖掘机分别以45万元和50万元的价格先后出卖给丙公司和丁公司,丙公司和丁公司均已付款,但乙公司没有依约交付挖掘机。

因乙公司一直未向甲公司支付租金,甲公司便将挖掘机以48万元的价格出卖给王某,约定由乙公司直接将挖掘机交付给王某,王某首期付款20万元,尾款28万元待收到挖掘机后支付。此事,甲公司通知了乙公司。

王某未及取得挖掘机便亡故。王某临终立遗嘱,其遗产由其子大王和小王继承,遗嘱还指定小王为遗嘱执行人。因大王一直在外地工作,同意王某遗产由小王保管,没有进行遗产分割。在此期间,小王将挖掘机出卖给方某,没有征得大王的同意。

甲公司与王某签订买卖合同之后,王某死亡之前,关于挖掘机所有权人,下列选项正确的是:①

A. 甲公司 B. 丙公司
C. 丁公司 D. 王某

103. 2017/3/5/单

庞某有1辆名牌自行车,在借给黄某使用期间,达成转让协议,黄某以8000元的价格购买该自行车。次日,黄某又将该自行车以9000元的价格转卖给了洪某,但约定由黄某继续使用1个月。关于该自行车的归属,下列哪一选项是正确的?②

A. 庞某未完成交付,该自行车仍归庞某所有
B. 黄某构成无权处分,洪某不能取得自行车所有权
C. 洪某在黄某继续使用1个月后,取得该自行车所有权
D. 庞某既不能向黄某,也不能向洪某主张原物返还请求权

104. 2017/3/57/多

2016年8月8日,玄武公司向朱雀公司订购了一辆小型客用汽车。2016年8月28日,玄武公司按照当地政策取得本市小客车更新指标,有效期至2017年2月28日。2016年底,朱雀公司依约向玄武公司交付了该小客车,但未同时交付机动车销售统一发票、合格证等有关单证资料,致使玄武

① D ② D

公司无法办理车辆所有权登记和牌照。关于上述购车行为,下列哪些说法是正确的?①

A. 玄武公司已取得该小客车的所有权
B. 玄武公司有权要求朱雀公司交付有关单证资料
C. 如朱雀公司一直拒绝交付有关单证资料,玄武公司可主张购车合同解除
D. 朱雀公司未交付有关单证资料,属于从给付义务的违反,玄武公司可主张违约责任,但不得主张合同解除

105. 2018 回忆/多

白某将登记在自己名下的某公司的一辆汽车以市场价转让给不知情的洪某,并已经交付。后因欠黄某钱,白某又将该汽车抵押给不知情的黄某,并办理了抵押登记。后白某因非法集资被罚入狱并判没收全部财产。下列说法正确的是:②

A. 洪某取得汽车的所有权
B. 黄某对汽车享有优先受偿权
C. 白某不再承担还款义务
D. 汽车不在没收范围

106. 2018 回忆/单

甲丢弃其所有的旧衣服时,由于用力过猛手表滑落,与衣服一起掉进垃圾桶,甲没有发现。乙捡到衣服和手表,卖给了丙。对此,下列说法正确的是:③

A. 无论甲是否撤销,丙均可取得衣服与手表的所有权
B. 甲无须经过任何形式的撤销行为,可直接请求丙返还手表
C. 甲有权撤销其抛弃手表的行为,但须向丙作出意思表示
D. 甲有权撤销其抛弃手表的行为,但其撤销无须向相对人为之

107. 2019 回忆/多

包大姐把房屋出租给小张,屋内家具为小张购买,电器为包大姐所有。租期届满前两个月,小张提议把屋内家具以 2000 元的价格出卖给包大姐,包大姐当即表示同意。租期届满后,包大姐认为小张的家具不值 2000 元,遂仅向小张支付了 1000 元。对此,下列表述哪些是正确的?④

---

① ABC ② ABD ③ B ④ CD

| 刷题表 | 时　间 | 题号 | 一刷 | 二刷 | 题号 | 一刷 | 二刷 | 题号 | 一刷 | 二刷 | 题号 | 一刷 | 二刷 |

A. 若包大姐不支付剩余的1000元,小张有权留置屋内包大姐所有的电器
B. 若包大姐不支付剩余的1000元,小张有权行使同时履行抗辩权拒绝交付租赁房屋和屋内电器
C. 包大姐、小张关于家具的买卖合同已经生效
D. 包大姐已经取得了屋内家具的所有权

108． 2019 回忆/单

古某的儿子小古喜欢鸽子,于是古某找到村民李某购买鸽子。古某付了钱,在李某向小古交付时,小古由于害怕未能接住,鸽子飞走了。下列哪一项说法是正确的?①
A. 鸽子所有权已属于古某
B. 鸽子所有权仍属于李某
C. 鸽子所有权已属于小古
D. 该案与物权关系无关

考点 23 非基于法律行为的物权变动(另见所有权的特别取得方法)

109． 2008/3/8/单

中州公司依法取得某块土地建设用地使用权并办理报建审批手续后,开始了房屋建设并已经完成了外装修。对此,下列哪一选项是正确的?②
A. 中州公司因为享有建设用地使用权而取得了房屋所有权
B. 中州公司因为事实行为而取得了房屋所有权
C. 中州公司因为法律行为而取得了房屋所有权
D. 中州公司尚未进行房屋登记,因此未取得房屋所有权

110． 2008/3/94/任

甲继承了一套房屋,在办理产权登记前将房屋出卖并交付给乙,办理产权登记后又将该房屋出卖给丙并办理了所有权移转登记。丙受丁胁迫将房屋出卖给丁,并完成了移转登记。丁旋即将房屋出卖并移转登记于戊。
在办理继承登记前,关于甲对房屋的权利状态,下列选项正确的是:③
A. 甲已经取得了该房屋的所有权

---

① B ② B ③ ACD

B. 甲对该房屋的所有权不能对抗善意第三人
C. 甲出卖该房屋未经登记不发生物权效力
D. 甲可以出租该房屋

111． 2010/3/53/多

某房屋登记簿上所有权人为甲,但乙认为该房屋应当归己所有,遂申请仲裁。仲裁裁决争议房屋归乙所有,但裁决书生效后甲、乙未办理变更登记手续。一月后,乙将该房屋抵押给丙银行,签订了书面合同,但未办理抵押登记。对此,下列哪些说法是正确的?①

A. 房屋应归甲所有
B. 房屋应归乙所有
C. 抵押合同有效
D. 抵押权未成立

112． 2011/3/9/单 新法改编

潘某与刘某相约出游,潘某在长江边拾得一块奇石,爱不释手,拟带回家。刘某说,《民法典》规定河流属于国家所有,这一行为可能属于侵占国家财产。关于潘某能否取得奇石的所有权,下列哪一说法是正确的?②

A. 不能,因为石头是河流的成分,长江属于国家所有,石头从河流中分离后仍然属于国家财产
B. 可以,因为即使长江属于国家所有,但石头是独立物,经有关部门许可即可以取得其所有权
C. 不能,因为即使石头是独立物,但长江属于国家所有,石头也属于国家财产
D. 可以,因为即使长江属于国家所有,但石头是独立物、无主物,依先占的习惯可以取得其所有权

113． 2011/3/55/多

吴某和李某共有一套房屋,所有权登记在吴某名下。2010年2月1日,法院判决吴某和李某离婚,并且判决房屋归李某所有,但是并未办理房屋所有权变更登记。3月1日,李某将该房屋出卖给张某,张某基于对判决书的信赖支付了50万元价款,并入住了该房屋。4月1日,吴某又就该房屋和王某签订了买卖合同,王某在查阅了房屋登记簿确认房屋仍归吴某所有

① BCD ② D

· 38 ·

| 刷题表 | 时 间 | 题号 | 一刷 | 二刷 | 题号 | 一刷 | 二刷 | 题号 | 一刷 | 二刷 | 题号 | 一刷 | 二刷 |

后,支付了50万元价款,并于5月10日办理了所有权变更登记手续。下列哪些选项是正确的?①

A. 5月10日前,吴某是房屋所有权人
B. 2月1日至5月10日,李某是房屋所有权人
C. 3月1日至5月10日,张某是房屋所有权人
D. 5月10日后,王某是房屋所有权人

114． (2013/3/6/单)

甲、乙和丙于2012年3月签订了散伙协议,约定登记在丙名下的合伙房屋归甲、乙共有。后丙未履行协议。同年8月,法院判决丙办理该房屋过户手续,丙仍未办理。9月,丙死亡,丁为其唯一继承人。12月,丁将房屋赠给女友戊,并对赠与合同作了公证。下列哪一表述是正确的?②

A. 2012年3月,甲、乙按份共有房屋
B. 2012年8月,甲、乙按份共有房屋
C. 2012年9月,丁为房屋所有人
D. 2012年12月,戊为房屋所有人

115． (2016/3/5/单)

蔡永父母在共同遗嘱中表示,二人共有的某处房产由蔡永继承。蔡永父母去世前,该房由蔡永之姐蔡花借用,借用期未明确。2012年上半年,蔡永父母先后去世,蔡永一直未办理该房屋所有权变更登记,也未要求蔡花腾退。2015年下半年,蔡永因结婚要求蔡花腾退,蔡花拒绝搬出。对此,下列哪一选项是正确的?③

A. 因未办理房屋所有权变更登记,蔡永无权要求蔡花搬出
B. 因诉讼时效期间届满,蔡永的房屋腾退请求不受法律保护
C. 蔡花系合法占有,蔡永无权要求其搬出
D. 蔡永对该房屋享有物权请求权

116． (2018回忆/单)

潘某路过肖某的菜园时拾取到一小块陨石,肖某知道后向其索取,被潘某拒绝。以下说法哪一项是正确的?④

A. 陨石归潘某所有
B. 陨石归肖某所有

---

① BD　② C　③ D　④ A

C. 潘某拒绝归还肖某陨石的行为不受民法调整
D. 陨石归国家所有

考点 24 预告登记、异议登记、更正登记

117. 2009/3/8/单

甲公司开发写字楼一幢,于 2008 年 5 月 5 日将其中一层卖给乙公司,约定半年后交房,乙公司于 2008 年 5 月 6 日申请办理了预告登记。2008 年 6 月 2 日甲公司因资金周转困难,在乙公司不知情的情况下,以该层楼向银行抵押借款并登记。现因甲公司不能清偿欠款,银行要求实现抵押权。下列哪一判断是正确的?①

A. 抵押合同有效,抵押权设立
B. 抵押合同无效,但抵押权设立
C. 抵押合同有效,但抵押权不设立
D. 抵押合同无效,抵押权不设立

118. 2014/3/55/多

刘某借用张某的名义购买房屋后,将房屋登记在张某名下。双方约定该房屋归刘某所有,房屋由刘某使用,产权证由刘某保存。后刘某、张某因房屋所有权归属发生争议。关于刘某的权利主张,下列哪些表述是正确的?②

A. 可直接向登记机构申请更正登记
B. 可向登记机构申请异议登记
C. 可向法院请求确认其为所有权人
D. 可依据法院确认其为所有权人的判决请求登记机关变更登记

119. 2023 回忆/单

甲向乙房地产公司购买了一套商品房,双方在《商品房买卖合同》中约定:若房屋实际面积不足 140 平方米,甲可选择退款。甲办理交房与房屋所有权转移登记后发现,不动产登记机构颁发的不动产权属证书中记载的房屋面积为 130 平方米。后经法定的鉴定机构鉴定,确认该商品房的面积为 140 平方米。对此,下列哪一说法是正确的?③

A. 甲有权单独申请更正登记
B. 甲和乙公司应共同申请更正登记

① C ② BCD ③ A

C. 甲有权不申请更正登记并请求乙公司退款
D. 甲有权以不动产权属证书记载的面积不足为由请求乙公司退款

考点 25 物权的保护

120. 2011/3/8/单

物权人在其权利的实现上遇有某种妨害时,有权请求造成妨害事由发生的人排除此等妨害,称为物权请求权。关于物权请求权,下列哪一表述是错误的?①

A. 是独立于物权的一种行为请求权
B. 可以适用债权的有关规定
C. 不能与物权分离而单独存在
D. 须依诉讼的方式进行

121. 2012/3/56/多

甲将 1 套房屋出卖给乙,已经移转占有,没有办理房屋所有权移转登记。现甲死亡,该房屋由其子丙继承。丙在继承房屋后又将该房屋出卖给丁,并办理了房屋所有权移转登记。下列哪些表述是正确的?②

A. 乙虽然没有取得房屋所有权,但是基于甲的意思取得占有,乙为有权占有
B. 乙可以对甲的继承人丙主张有权占有
C. 在丁取得房屋所有权后,乙可以以占有有正当权利来源对丁主张有权占有
D. 在丁取得房屋所有权后,丁可以基于其所有权请求乙返还房屋

122. 2013/3/9/单

张某遗失的名表被李某拾得。1 年后,李某将该表卖给了王某。再过 1 年,王某将该表卖给了郑某。郑某将该表交给不知情的朱某维修,因郑某不付维修费与朱某发生争执,张某方知原委。下列哪一表述是正确的?③

A. 张某可请求李某返还手表
B. 张某可请求王某返还手表
C. 张某可请求郑某返还手表
D. 张某可请求朱某返还手表

---

① D ② ABD ③ C(原答案为D)

123. 2013/3/55/多

叶某将自有房屋卖给沈某,在交房和过户之前,沈某擅自撬门装修,施工导致邻居赵某经常失眠。下列哪些表述是正确的?①

A. 赵某有权要求叶某排除妨碍
B. 赵某有权要求沈某排除妨碍
C. 赵某请求排除妨碍不受诉讼时效的限制
D. 赵某可主张精神损害赔偿

专题八　所有权

考点26 建筑物区分所有权

124. 2008/3/58/多

王某有一栋两层楼房,在楼顶上设置了一个商业广告牌。后王某将该楼房的第二层出售给了张某。下列哪些选项是正确的?②

A. 张某无权要求王某拆除广告牌
B. 张某与王某间形成了建筑物区分所有权关系
C. 张某对楼顶享有共有和共同管理的权利
D. 张某有权要求与王某分享其购房后的广告收益

125. 蒋某是 C 市某住宅小区 6 栋 3 单元 502 号房业主,入住后面临下列法律问题,请根据相关事实予以解答。请回答(1)~(3)题。

(1) 2017/3/86/任

小区地下停车场设有车位 500 个,开发商销售了 300 个,另 200 个用于出租。蒋某购房时未买车位,现因购车需使用车位。下列选项正确的是:③

A. 蒋某等业主对地下停车场享有业主共有权
B. 如小区其他业主出售车位,蒋某等无车位业主在同等条件下享有优先购买权
C. 开发商出租车位,应优先满足蒋某等无车位业主的需要
D. 小区业主如出售房屋,其所购车位应一同转让

(2) 2017/3/87/任

该小区业主田某将其位于一楼的住宅用于开办茶馆,蒋某认为

---

① ABC　② ABCD　③ C

此举不妥,交涉无果后向法院起诉,要求田某停止开办。下列选项正确的是:①

A. 如蒋某是同一栋住宅楼的业主,法院应支持其请求
B. 如蒋某能证明因田某开办茶馆而影响其房屋价值,法院应支持其请求
C. 如蒋某能证明因田某开办茶馆而影响其生活质量,法院应支持其请求
D. 如田某能证明其开办茶馆得到多数有利害关系业主的同意,法院应驳回蒋某的请求

（3） 2017/3/88/任

对小区其他业主的下列行为,蒋某有权提起诉讼的是:②

A. 5栋某业主任意弃置垃圾
B. 7栋某业主违反规定饲养动物
C. 8栋顶楼某业主违章搭建楼顶花房
D. 楼上邻居因不当装修损坏蒋某家天花板

126. 2018 回忆/多

于某购买一空调,准备安装时发现邻居袁某已经将空调安装在于某的窗下外墙上。于某联系袁某,希望袁某将空调移走,将窗下的机位还给自己,但遭到袁某的拒绝。关于空调安装,以下说法正确的是?③

A. 窗下外墙部分为全体业主共有
B. 窗下外墙部分为此房屋业主个人所有
C. 邻居袁某有权在于某房屋窗下外墙安装空调
D. 邻居袁某无权在于某房屋窗下外墙安装空调

127. 2022 回忆/多

绿波公司是某小区业主选聘的物业公司。未经许可,绿波公司分别将物业专用房和绿化地租用给外人。下列哪些说法是正确的?④

A. 租用物业专用房的行为侵害了业主的建筑物区分所有权
B. 租用绿化地的行为侵害了业主的建筑物区分所有权
C. 除去合理成本,剩余租金应归全体业主共有
D. 业主若找了新物业公司签订物业服务合同,则该小区业主与绿波公司的合同终止

---

① ABC　② D　③ AD　④ ABC

刷题表	时间	题号	一刷	二刷	题号	一刷	二刷	题号	一刷	二刷	题号	一刷	二刷

考点27 所有权的特别取得方法:善意取得

128． 2008/3/13/单

甲、乙结婚后购得房屋一套,仅以甲的名义进行了登记。后甲、乙感情不和,甲擅自将房屋以时价出售给不知情的丙,并办理了房屋所有权变更登记手续。对此,下列哪一选项是正确的?①

A. 买卖合同有效,房屋所有权未转移

B. 买卖合同无效,房屋所有权已转移

C. 买卖合同有效,房屋所有权已转移

D. 买卖合同无效,房屋所有权未转移

129． 2008/3/59/多

甲为乙的债权人,乙将其电动车出质于甲。现甲为了向丙借款,未经乙同意将电动车出质于丙,丙不知此车为乙所有。下列哪些选项是正确的?②

A. 丙因善意取得而享有质权

B. 因未经乙的同意丙不能取得质权

C. 甲对电动车的毁损、灭失应向乙承担赔偿责任

D. 对电动车毁损、灭失,乙可向丙索赔

130． 2009/3/53/多

甲发现去年丢失的电动自行车被路人乙推行,便上前询问,乙称从朋友丙处购买,并出示了丙出具的付款收条。如甲想追回该自行车,可以提出下列哪些理由支持请求?③

A. 甲丢失该自行车被丙拾得

B. 丙从甲处偷了该自行车

C. 乙明知道该自行车是丙从甲处偷来的仍然购买

D. 乙向丙支付的价格远远低于市场价

131． 甲有一块价值一万元的玉石。甲与乙订立了买卖该玉石的合同,约定价金11000元。由于乙没有带钱,甲未将该玉石交付与乙,约定三日后乙到甲的住处付钱取玉石。随后甲又向乙提出,再借用玉石把玩几天,乙表示同意。隔天,知情的丙找到甲,提出愿以12000元购买该玉石,甲同意并当场将玉石交给丙。丙在回家路上遇到债主丁,向丙催要9000元欠款甚急,丙无奈,

---

① C(原答案为B)　② ACD　③ ABCD

将玉石交付与丁抵偿债务。后丁将玉石丢失被戊拾得,戊将其转卖给己。根据上述事实,请回答(1)~(3)题。

(1) 2009/3/91/任
关于乙对该玉石所有权的取得和交付的表述,下列选项正确的是:①
A. 甲、乙的买卖合同生效时,乙直接取得该玉石的所有权
B. 甲、乙的借用约定生效时,乙取得该玉石的所有权
C. 由于甲未将玉石交付给乙,所以乙一直未取得该玉石的所有权
D. 甲通过占有改定的方式将玉石交付给了乙

(2) 2009/3/92/任
关于丙、丁对该玉石所有权的取得问题,下列说法正确的是:②
A. 甲将玉石交付给丙时,丙取得该玉石的所有权
B. 甲、丙的买卖合同成立时,丙取得该玉石的所有权
C. 丙将玉石交给丁时,丁取得该玉石的所有权
D. 丁不能取得该玉石的所有权

(3) 2009/3/93/任
关于该玉石的返还问题,下列说法正确的是:③
A. 戊已取得了该玉石的所有权,原所有权人无权请求返还该玉石
B. 该玉石的真正所有权人请求己返还该玉石不受时间限制
C. 该玉石的真正所有权人可以在戊与己的转让行为生效之日起两年内请求己返还该玉石
D. 该玉石的真正所有权人可以在知道或者应当知道该玉石的受让人己之日起两年内请求己返还该玉石

132. 2015/3/6/单
甲将一套房屋转让给乙,乙再转让给丙,相继办理了房屋过户登记。丙翻建房屋时在地下挖出一瓷瓶,经查为甲的祖父埋藏,甲是其祖父唯一继承人。丙将该瓷瓶以市价卖给不知情的丁,双方钱物交割完毕。现甲、乙均向丙和丁主张权利。下列哪一选项是正确的?④
A. 甲有权向丙请求损害赔偿
B. 乙有权向丙请求损害赔偿

---

① BD ② C ③ D ④ A

C. 甲、乙有权主张丙、丁买卖无效
D. 丁善意取得瓷瓶的所有权

133. 2019 回忆/多

陆某与韩某婚后用共同积蓄购买了一套房屋,登记在陆某名下,后夫妻感情不和分居,韩某打算离婚析产。陆某得知后,用自己与情妇蔡某的合照伪造结婚证,并伙同蔡某以夫妻名义将该房屋以市价出卖给不知情的孙某,并为孙某办理了过户登记。下列说法中哪些是正确的?①

A. 房屋出卖前为陆某与韩某的夫妻共同财产
B. 该房屋买卖合同无效
C. 孙某已经取得该房屋的所有权
D. 韩某有权要求蔡某承担侵权责任

134. 2021 回忆/单

因甲要出国,将一幅价值百万元的古画委托好友乙保管。保管期间,乙病故,其子丙继承了乙的财产,以为该画是乙购买的仿品,后将该画以2000元卖给了丁。两年后甲回国,发现古画已被出售的事实。对此,下来哪一说法是正确的?②

A. 丙构成无权处分,合同无效
B. 丙有重大误解,合同可撤销
C. 丙构成善意取得
D. 丁构成善意取得

考点28 所有权的特别取得方法:拾得遗失物、发现埋藏物

135. 2009/3/13/单

一日清晨,甲发现一头牛趴在自家门前,便将其拴在自家院内,打探失主未果。时值春耕,甲用该牛耕种自家田地。其间该牛因劳累过度得病,甲花费300元将其治好。两年后,牛的主人乙寻牛来到甲处,要求甲返还,甲拒绝返还。下列哪一说法是正确的?③

A. 甲应返还牛,但有权要求乙支付300元
B. 甲应返还牛,但无权要求乙支付300元
C. 甲不应返还牛,但乙有权要求甲赔偿损失
D. 甲不应返还牛,无权要求乙支付300元

① ACD ② B ③ B

刷题表	时 间	题号	一刷	二刷	题号	一刷	二刷	题号	一刷	二刷	题号	一刷	二刷

136． 2013/3/13/单

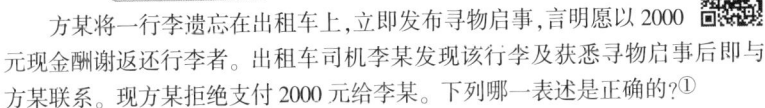

方某将一行李遗忘在出租车上,立即发布寻物启事,言明愿以2000元现金酬谢返还行李者。出租车司机李某发现该行李及获悉寻物启事后即与方某联系。现方某拒绝支付2000元给李某。下列哪一表述是正确的？①

　　A．方某享有所有物返还请求权,李某有义务返还该行李,故方某可不支付2000元酬金

　　B．如果方某不支付2000元酬金,李某可行使留置权拒绝返还该行李

　　C．如果方某未曾发布寻物启事,则其可不支付任何报酬或费用

　　D．既然方某发布了寻物启事,则其必须支付酬金

137． 2017/3/6/单

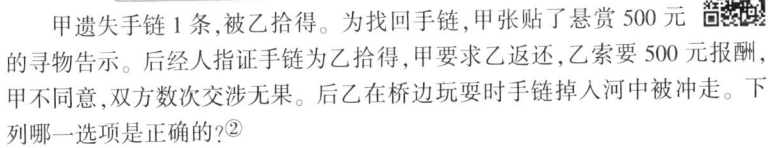

甲遗失手链1条,被乙拾得。为找回手链,甲张贴了悬赏500元的寻物告示。后经人指证手链为乙拾得,甲要求乙返还,乙索要500元报酬,甲不同意,双方数次交涉无果。后乙在桥边玩耍时手链掉入河中被冲走。下列哪一选项是正确的？②

　　A．乙应承担赔偿责任,但有权要求甲支付500元

　　B．乙应承担赔偿责任,无权要求甲支付500元

　　C．乙不应承担赔偿责任,也无权要求甲支付500元

　　D．乙不应承担赔偿责任,有权要求甲支付500元

138． 2018回忆/单

陈某丢失一台高精微型设备,被周某捡到并交到派出所,派出所及时发布招领公告。同时,陈某在报纸上发布悬赏公告,承诺捡到并送回者给1万元奖励金。后陈某通过招领公告领回该设备。下列哪一说法是正确的？③

　　A．因周某已将设备交派出所,派出所有权获得1万元

　　B．基于悬赏公告,陈某应向周某支付1万元

　　C．基于招领公告,陈某无需向派出所支付任何费用

　　D．基于招领公告,陈某无需向周某支付任何费用

考点29 所有权的特别取得方法：孳息及其归属

139． 2018回忆/单

苏某为庆祝其喜得贵子,邀请胡某等到酒店聚餐。苏某从顾某

---

① D　② B　③ B

· 47 ·

处购得一超大海螺,将海螺带到酒店交给厨师时,从中剖得一颗硕大的橙黄色椭圆形珍珠,市值1万元。关于该珍珠的归属,下列哪一项说法是正确的?①

A. 归苏某、胡某等共有
B. 归酒店所有
C. 归顾某所有
D. 归苏某所有

140． 2019 回忆/多

潘某婚前饲养的一头母牛已怀有小牛,潘某和朱某结婚后,经朱某精心饲养照顾,小牛顺利出生,双方均未提及小牛的归属。一年后,双方离婚。关于该小牛,下列表述哪些是正确的?②

A. 属于潘某婚前财产的天然孳息
B. 属于潘某婚前财产的自然增值
C. 属于潘某个人财产
D. 属于潘某与朱某的夫妻共同财产

考点30 所有权的特别取得方法:添附

141． 2018 回忆/多

甲是雕刻家,乙是奇石古玩收藏家。某日,甲借用乙收藏的一块价值3万元的太湖石和一块价值1万元的汉白玉把玩。后来,甲在装修自家房屋时,将太湖石镶嵌在客厅摆放电视的背景墙中。装修完成两日后,突发创作欲望,将汉白玉雕刻成了精美的"老子骑牛"雕像(估价5万元)。对此,下列说法正确的是:③

A. 太湖石已经与墙壁发生附合,应归甲所有
B. 甲应当就太湖石向乙进行补偿
C. 雕像应当归甲所有
D. 甲应当向乙补偿汉白玉的价值

142． 2019 回忆/多

更生公司租用了百灵公司所有的临街商铺,并经百灵公司同意将该商铺临街的墙面改造为落地玻璃墙。某日,霍某醉酒驾车在街上横冲直撞,导致店铺的落地玻璃墙被撞坏。对此,下列说法正确的是:④

A. 更生公司为玻璃墙所有权人
B. 百灵公司为玻璃墙所有权人

① D ② AC ③ AB ④ BCD

C. 更生公司可向霍某主张损害赔偿

D. 百灵公司可向霍某主张损害赔偿

考点31 共有

143. 2009/3/54/多

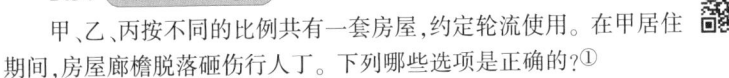

甲、乙、丙按不同的比例共有一套房屋,约定轮流使用。在甲居住期间,房屋廊檐脱落砸伤行人丁。下列哪些选项是正确的?①

A. 甲、乙、丙如不能证明自己没有过错,应对丁承担连带赔偿责任

B. 丁有权请求甲承担侵权责任

C. 如甲承担了侵权责任,则乙、丙应按各自份额分担损失

D. 本案侵权责任适用过错责任原则

144. 2010/3/7/单

红光、金辉、绿叶和彩虹公司分别出资50万、20万、20万、10万元建造一栋楼房,约定建成后按投资比例使用,但对楼房管理和所有权归属未作约定。对此,下列哪一说法是错误的?②

A. 该楼发生的管理费用应按投资比例承担

B. 该楼所有权为按份共有

C. 红光公司投资占50%,有权决定该楼的重大修缮事宜

D. 彩虹公司对其享有的份额有权转让

145. 2011/3/56/多

关于共有,下列哪些表述是正确的?③

A. 对于共有财产,部分共有人主张按份共有,部分共有人主张共同共有,如不能证明财产是按份共有的,应当认定为共同共有

B. 按份共有人对共有不动产或者动产享有的份额,没有约定或者约定不明确的,按照出资额确定;不能确定出资额的,视为等额享有

C. 夫或妻在处理夫妻共同财产上权利平等,因日常生活需要而处理夫妻共同财产的,任何一方均有权决定

D. 对共有物的分割,当事人没有约定或者约定不明确的,按份共有人可以随时请求分割,共同共有人在共有的基础丧失或者有重大理由需要分割时可以请求分割

---

① ABCD ② C ③ BCD

146. 2012/3/6/单

甲、乙、丙、丁共有1套房屋,各占1/4,对共有房屋的管理没有进行约定。甲、乙、丙未经丁同意,以全体共有人的名义将该房屋出租给戊。关于甲、乙、丙上述行为对丁的效力的依据,下列哪一表述是正确的?①

A. 有效,出租属于对共有物的管理,各共有人都有管理的权利
B. 有效,对共有物的处分应当经占共有份额2/3以上的共有人的同意,出租行为较处分为轻,当然可以为之
C. 无效,对共有物的出租属于处分,应当经全体共有人的同意
D. 有效,出租是以利用的方法增加物的收益,可以视为改良行为,经占共有份额2/3以上的共有人的同意即可

147. 甲公司将1台挖掘机出租给乙公司,为担保乙公司依约支付租金,丙公司担任保证人,丁公司以机器设备设置抵押。乙公司欠付10万元租金时,经甲公司、丙公司和丁公司口头同意,将6万元租金债务转让给戊公司。之后,乙公司为现金周转将挖掘机分别以45万元和50万元的价格先后出卖给丙公司和丁公司,丙公司和丁公司均已付款,但乙公司没有依约交付挖掘机。

因乙公司一直未向甲公司支付租金,甲公司便将挖掘机以48万元的价格出卖给王某,约定由乙公司直接将挖掘机交付给王某,王某首期付款20万元,尾款28万元待收到挖掘机后支付。此事,甲公司通知了乙公司。

王某未及取得挖掘机便死亡。王某临终立遗嘱,其遗产由其子大王和小王继承,遗嘱还指定小王为遗嘱执行人。因大王一直在外地工作,同意王某遗产由小王保管,没有进行遗产分割。在此期间,小王将挖掘机出卖给方某,没有征得大王的同意。

请回答(1)、(2)题。

(1) 2012/3/90/任

王某死后,关于甲公司与王某的买卖合同,下列表述错误的是:②

A. 甲公司有权解除该买卖合同
B. 大王和小王有权解除该买卖合同
C. 大王和小王对该买卖合同原王某承担的债务负连带责任
D. 大王和小王对该买卖合同原王某承担的债务按其继承份额负按份责任

---

① B ② ABD

刷题表	时 间	题号	一刷	二刷	题号	一刷	二刷	题号	一刷	二刷	题号	一刷	二刷

(2) 2012/3/91/任

关于小王将挖掘机卖给方某的行为,下列表述正确的是:①
A. 小王尚未取得对挖掘机的占有,不得将其出卖给方某
B. 小王出卖挖掘机应当取得大王的同意
C. 大王对小王出卖挖掘机的行为可以追认
D. 小王是王某遗嘱的执行人,出卖挖掘机不需要大王的同意

148. 2014/3/6/单

张某与李某共有一台机器,各占50%份额。双方共同将机器转卖获得10万元,约定张某和李某分别享有6万元和4万元。同时约定该10万元暂存李某账户,由其在3个月后返还给张某6万元。后该账户全部款项均被李某债权人王某申请法院查封并执行,致李某不能按期返还张某款项。下列哪一表述是正确的?②
A. 李某构成违约,张某可请求李某返还5万元
B. 李某构成违约,张某可请求李某返还6万元
C. 李某构成侵权,张某可请求李某返还5万元
D. 李某构成侵权,张某可请求李某返还6万元

149. 2016/3/6/单

甲被法院宣告失踪,其妻乙被指定为甲的财产代管人。3个月后,乙将登记在自己名下的夫妻共有房屋出售给丙,交付并办理了过户登记。在此过程中,乙向丙出示了甲被宣告失踪的判决书,并将房屋属于夫妻二人共有的事实告知丙。1年后,甲重新出现,并经法院撤销了失踪宣告。现甲要求丙返还房屋。对此,下列哪一说法是正确的?③
A. 丙善意取得房屋所有权,甲无权请求返还
B. 丙不能善意取得房屋所有权,甲有权请求返还
C. 乙出售夫妻共有房屋构成家事代理,丙继受取得房屋所有权
D. 乙出售夫妻共有房屋属于有权处分,丙继受取得房屋所有权

150. 2016/3/8/单

甲、乙二人按照3:7的份额共有一辆货车,为担保丙的债务,甲、乙将货车抵押给债权人丁,但未办理抵押登记。后该货车在运输过程中将戊撞伤。对此,下列哪一选项是正确的?④

---
① BC ② B ③ B ④ D

A. 如戊免除了甲的损害赔偿责任,则应由乙承担损害赔偿责任
B. 因抵押权未登记,戊应优先于丁受偿
C. 如丁对丙的债权超过诉讼时效,仍可在 2 年内要求甲、乙承担担保责任
D. 如甲对丁承担了全部担保责任,则有权向乙追偿

151． 2016/3/53/多

甲、乙、丙、丁按份共有一艘货船,份额分别为 10%、20%、30%、40%。甲欲将其共有份额转让,戊愿意以 50 万元的价格购买,价款一次付清。关于甲的共有份额转让,下列哪些选项是错误的?①

A. 甲向戊转让其共有份额,须经乙、丙、丁同意
B. 如乙、丙、丁均以同等条件主张优先购买权,则丁的主张应得到支持
C. 如丙在法定期限内以 50 万元分期付款的方式要求购买该共有份额,应予支持
D. 如甲改由向乙转让其共有份额,丙、丁在同等条件下享有优先购买权

152． 2017/3/54/多

甲、乙、丙、丁按份共有某商铺,各自份额均为 25%。因经营理念发生分歧,甲与丙商定将其份额以 100 万元转让给丙,通知了乙、丁;乙与第三人戊约定将其份额以 120 万元转让给戊,未通知甲、丙、丁。下列哪些选项是正确的?②

A. 乙、丁对甲的份额享有优先购买权
B. 甲、丙、丁对乙的份额享有优先购买权
C. 如甲、丙均对乙的份额主张优先购买权,双方可协商确定各自购买的份额
D. 丙、丁可仅请求认定乙与戊之间的份额转让合同无效

153． 2021 回忆/任

甲、乙、丙均是爱狗人士,三人分别出资 2000 元合买了一条纯种金毛犬,约定轮流饲养。轮到甲饲养时,因为要出国留学,便将其份额转让给了乙。待轮到丙饲养时,丙才知道甲向乙转让了份额。下列说法正确的是:③

A. 甲有权转让其份额
B. 乙有优先购买权
C. 丙有优先购买权
D. 甲构成无权处分

① ABCD ② BC ③ A

| 刷题表 | 时 间 | 题号 | 一刷 | 二刷 | 题号 | 一刷 | 二刷 | 题号 | 一刷 | 二刷 | 题号 | 一刷 | 二刷 |

考点32 相邻关系

154. 2021回忆/多

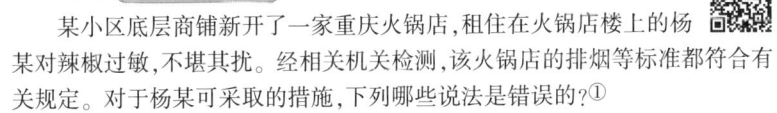

某小区底层商铺新开了一家重庆火锅店,租住在火锅店楼上的杨某对辣椒过敏,不堪其扰。经相关机关检测,该火锅店的排烟等标准都符合有关规定。对于杨某可采取的措施,下列哪些说法是错误的?①

A. 有权请求火锅店采取更好的排风过滤措施
B. 有权就其过敏请求火锅店赔偿
C. 有权基于建筑物区分所有权起诉
D. 有权请求火锅店停止使用辣椒

专题九　用益物权

考点33 土地承包经营权

155. 2010/3/55/多

关于土地承包经营权的设立,下列哪些表述是正确的?②

A. 自土地承包经营合同成立时设立
B. 自土地承包经营权合同生效时设立
C. 县级以上地方政府在土地承包经营权设立时应当发放土地承包经营权证
D. 县级以上地方政府应当对土地承包经营权登记造册,未经登记造册的,不得对抗善意第三人

156. 2014/3/56/多

季大与季小兄弟二人,成年后各自立户,季大一直未婚。季大从所在村集体经济组织承包耕地若干。关于季大的土地承包经营权,下列哪些表述是正确的?③

A. 自土地承包经营权合同生效时设立
B. 如季大转让其土地承包经营权,则未经变更登记不发生转让的效力
C. 如季大死亡,则季小可以继承该土地承包经营权
D. 如季大死亡,则季小可以继承该耕地上未收割的农作物

157. 2016/3/54/多

河西村在第二轮承包过程中将本村耕地全部发包,但仍留有部分

---

① BCD　② BC　③ AD

荒山,此时本村集体经济组织以外的Z企业欲承包该荒山。对此,下列哪些说法是正确的?①

A. 集体土地只能以家庭承包的方式进行承包
B. 河西村集体之外的人只能通过招标、拍卖、公开协商等方式承包
C. 河西村将荒山发包给Z企业,经2/3以上村民代表同意即可
D. 如河西村村民黄某也要承包该荒山,则黄某享有优先承包权

158. 2017/3/7/单

村民胡某承包了一块农民集体所有的耕地,订立了土地承包经营权合同,未办理确权登记。胡某因常年在外,便与同村村民周某订立土地承包经营权转让合同,将地交周某耕种,未办理变更登记。关于该土地承包经营权,下列哪一说法是正确的?②

A. 未经登记不得处分
B. 自土地承包经营权合同生效时设立
C. 其转让合同自完成变更登记时起生效
D. 其转让未经登记不发生效力

159. 2021 回忆/多

甲签订了土地承包经营合同,承包了本村集体土地100亩,其中30亩土地与其他土地不相邻。为了便于耕种,甲用这30亩土地与同村乙的土地进行了交换,换取了相邻的25亩土地,但没有进行登记。其后,甲又将50亩土地的经营权出租给丙公司,租期10年,也没有进行登记。下列哪些选项是正确的?③

A. 交换土地前,甲对100亩土地享有承包经营权
B. 交换土地后,甲对95亩土地享有经营权
C. 由于未登记,甲对交换来的25亩土地不享有承包经营权
D. 由于未登记,丙公司未取得50亩土地的经营权

考点34 地役权

160. 2010/3/9/单

某郊区小学校为方便乘坐地铁,与相邻研究院约定,学校人员有权借研究院道路通行,每年支付一万元。据此,学校享有的是下列哪一项权利?④

① BD ② B ③ AB ④ B

A. 相邻权　　　　　　　B. 地役权
C. 建设用地使用权　　　D. 宅基地使用权

161. (2013/3/56/多)

2013年2月,A地块使用权人甲公司与B地块使用权人乙公司约定,由甲公司在B地块上修路。同年4月,甲公司将A地块过户给丙公司,6月,乙公司将B地块过户给不知上述情形的丁公司。下列哪些表述是正确的?①

A. 2013年2月,甲公司对乙公司的B地块享有地役权
B. 2013年4月,丙公司对乙公司的B地块享有地役权
C. 2013年6月,甲公司对丁公司的B地块享有地役权
D. 2013年6月,丙公司对丁公司的B地块享有地役权

考点35 居住权

162. (2019 回忆/多)

李某准备转让自己的房子,但转让后无处居住,遂在将房子转让给王某的时候约定,在办理房子过户的时候一并为李某设立居住权登记直到李某去世。后李某和王某办理了房子的过户登记,但因故居住权登记未能办理。后李某要求王某办理居住权登记,王某拒绝。下列哪些说法是正确的?②

A. 李某可以主张王某继续履行办理居住权登记的义务
B. 居住权因未登记没有设立
C. 李某对该约定享有的为债权
D. 李某可向王某主张迟延履行的违约责任

163. (2023 回忆/任)

2023年1月1日,甲和乙签订《房屋买卖合同》,甲将自有的一套商品房转让给乙,约定乙应于合同签订后1个月内付清全部购房款,之后便可随时向甲要求办理不动产过户登记。2日,为保证乙的物权实现,甲和乙在登记机关办理了预告登记。15日,甲在该商品房上为其母亲设立了居住权,但未办理登记。16日,乙付清全部购房款。5月5日,甲又在该商品房上为其父亲设立了居住权,并办理登记。而乙直至当年底,也未要求甲办理不动产过户登记。对此,下列说法正确的是:③

A. 甲的母亲取得了居住权

① AB　② ABCD　③ C

B. 甲的父亲未取得居住权
C. 5月5日，预告登记已失效
D. 乙已经取得了房屋所有权

专题十　担保物权

考点36　共同担保

164． 陈某向贺某借款20万元，借期2年。张某为该借款合同提供保证担保，担保条款约定，张某在陈某不能履行债务时承担保证责任，但未约定保证期间。陈某同时以自己的房屋提供抵押担保并办理了登记。请回答（1）～（3）题。

（1） 2008/3/91/任

抵押期间，谢某向陈某表示愿意以50万元购买陈某的房屋。下列选项不正确的是：①

A. 陈某将该房屋卖给谢某应得到贺某的同意
B. 如某某将该房屋卖给了谢某，则应将转让所得价款提前清偿债务或者提存
C. 如陈某另行提供担保，则陈某的转让行为无须得到贺某同意
D. 如谢某代为偿还20万元借款，则陈某的转让行为无须得到贺某同意

（2） 2008/3/92/任

如果贺某打算放弃对陈某的抵押权，并将这一情况通知了张某，张某表示反对，下列选项正确的是：②

A. 贺某不得放弃抵押权，因为张某不同意
B. 若贺某放弃抵押权，张某仍应对全部债务承担保证责任
C. 若贺某放弃抵押权，则张某对全部债务免除保证责任
D. 若贺某放弃抵押权，则张某在贺某放弃权利的范围内免除保证责任

（3） 2008/3/93/任

关于贺某的抵押权存续期间及张某的保证期间的说法，下列选项正确的是：③

A. 贺某应当在主债权诉讼时效期间行使抵押权
B. 贺某在主债权诉讼时效结束后的两年内仍可行使抵押权

---

① ABCD（原答案为C）　② D　③ AC

C. 张某的保证期间为主债务履行期届满之日起六个月

D. 张某的保证期间为主债务履行期届满之日起二年

165. 2011/3/87/任

甲公司与乙公司约定,由甲公司向乙公司交付1吨药材,乙公司付款100万元。乙公司将药材转卖给丙公司,并约定由甲公司向丙公司交付,丙公司收货后3日内应向乙支付价款120万元。

张某以自有汽车为乙公司的债权提供抵押担保,未办理抵押登记。抵押合同约定:"在丙公司不付款时,乙公司有权就出卖该汽车的价款清偿自己的债权。"李某为这笔货款出具担保函:"在丙公司不付款时,由李某承担保证责任"。丙公司收到药材后未依约向乙公司支付120万元,乙公司向张某主张实现抵押权,同时要求李某承担保证责任。

张某见状,便将其汽车赠与刘某。刘某将该汽车作为出资,与钱某设立丁酒店有限责任公司,并办理完出资手续。

丁公司员工方某驾驶该车接送酒店客人时,为躲避一辆逆行摩托车,将行人赵某撞伤。方某自行决定以丁公司名义将该车放在戊公司维修,为获得维修费的八折优惠,方某以其名义在与戊公司相关的庚公司为该车购买一套全新座垫。汽车修好后,方某将车取走交丁公司投入运营。戊公司要求丁公司支付维修费,否则对汽车行使留置权,丁公司回函请宽限一周。庚公司要求丁公司支付座垫费,丁公司拒绝。

关于乙公司要求担保人承担责任,下列表述正确的是:①

A. 乙公司不得向丙公司和李某一并提起诉讼

B. 李某对乙公司享有先诉抗辩权

C. 乙公司应先向张某主张实现抵押权

D. 乙公司可以选择向张某主张实现抵押权或者向李某主张保证责任

166. 2012/3/87/任

甲公司将1台挖掘机出租给乙公司,为担保乙公司依约支付租金,丙公司担任保证人,丁公司以机器设备设置抵押。乙公司欠付10万元租金时,经甲公司、丙公司和丁公司口头同意,将6万元租金债务转让给戊公司。之后,乙公司为现金周转将挖掘机分别以45万元和50万元的价格先后出卖给丙公司和丁公司,丙公司和丁公司均已付款,但乙公司没有依约

---

① D(原答案为BD)

| 刷题表 | 时间 | 题号 | 一刷 | 二刷 | 题号 | 一刷 | 二刷 | 题号 | 一刷 | 二刷 | 题号 | 一刷 | 二刷 |

交付挖掘机。

因乙公司一直未向甲公司支付租金,甲公司便将挖掘机以48万元的价格出卖给王某,约定由乙公司直接将挖掘机交付给王某,王某首期付款20万元,尾款28万元待收到挖掘机后支付。此事,甲公司通知了乙公司。

王某未及取得挖掘机便死亡。王某临终立遗嘱,其遗产由其子大王和小王继承,遗嘱还指定小王为遗嘱执行人。因大王一直在外地工作,同意王某遗产由小王保管,没有进行遗产分割。在此期间,小王将挖掘机出卖给方某,没有征得大王的同意。

在乙公司将6万元租金债务转让给戊公司之前,关于丙公司和丁公司的担保责任,甲公司下列做法正确的是:①

A. 可以要求丙公司承担保证责任

B. 可以要求丁公司承担抵押担保责任

C. 须先要求丙公司承担保证责任,后要求丁公司承担抵押担保责任

D. 须先要求丁公司承担抵押担保责任,后要求丙公司承担保证责任

167. 2014/3/8/单

甲公司欠乙公司货款100万元,先由甲公司提供机器设备设定抵押权、丙公司担任保证人,后由丁公司提供房屋设定抵押权并办理了抵押登记。甲公司届期不支付货款,下列哪一表述是正确的?②

A. 乙公司应先行使机器设备抵押权

B. 乙公司应先行使房屋抵押权

C. 乙公司应先行请求丙公司承担保证责任

D. 丙公司和丁公司可相互追偿

168. 2016/3/55/多

甲对乙享有债权500万元,先后在丙和丁的房屋上设定了抵押权,均办理了登记,且均未限定抵押物的担保金额。其后,甲将其中200万元债权转让给戊,并通知了乙。乙到期清偿了对甲的300万元债务,但未能清偿对戊的200万元债务。对此,下列哪些选项是错误的?③

A. 戊可同时就丙和丁的房屋行使抵押权,但对每个房屋价款优先受偿权的金额不得超过100万元

B. 戊可同时就丙和丁的房屋行使抵押权,对每个房屋价款优先受偿权的

---

① AB ② A ③ ABCD

· 58 ·

金额依房屋价值的比例确定
C. 戊必须先后就丙和丁的房屋行使抵押权,对每个房屋价款优先受偿权的金额由戊自主决定
D. 戊只能在丙的房屋价款不足以使其债权得到全部清偿时就丁的房屋行使抵押权

169. 2016/3/91/任

甲、乙双方于 2013 年 5 月 6 日签订水泥供应合同,乙以自己的土地使用权为其价款支付提供了最高额抵押,约定 2014 年 5 月 5 日为债权确定日,并办理了登记。丙为担保乙的债务,也于 2013 年 5 月 6 日与甲订立最高额保证合同,保证期间为一年,自债权确定日开始计算。

乙于 2014 年 1 月被法院宣告破产,下列说法正确的是:①
A. 甲的债权确定期届至
B. 甲应先就抵押物优先受偿,不足部分再要求丙承担保证责任
C. 甲可先要求丙承担保证责任
D. 如甲未申报债权,丙可参加破产财产分配,预先行使追偿权

170. 2017/3/56/多

2016 年 3 月 3 日,甲向乙借款 10 万元,约定还款日期为 2017 年 3 月 3 日。借款当日,甲将自己饲养的市值 5 万元的名贵宠物鹦鹉质押交付给乙,作为债务到期不履行的担保;另外,第三人丙提供了连带责任保证。关于乙的质权,下列哪些说法是正确的?②
A. 2016 年 5 月 5 日,鹦鹉产蛋一枚,市值 2000 元,应交由甲处置
B. 因乙照管不善,2016 年 10 月 1 日鹦鹉死亡,乙需承担赔偿责任
C. 2017 年 4 月 4 日,甲未偿还借款,乙未实现质权,则甲可请求乙及时行使质权
D. 乙可放弃该质权,丙可在乙丧失质权的范围内免除相应的保证责任

171. 2017/3/91/任

甲服装公司与乙银行订立合同,约定甲公司向乙银行借款 300 万元,用于购买进口面料。同时,双方订立抵押合同,约定甲公司以其现有的以及将有的生产设备、原材料、产品为前述借款设立抵押。借款合同和抵押合同订立后,乙银行向甲公司发放了贷款,但未办理抵押登记。之后,根据乙银行要

---
① ABD　② BCD

求,丙为此项贷款提供连带责任保证,丁以一台大型挖掘机作质押并交付。

如甲公司未按期还款,乙银行欲行使担保权利,当事人未约定行使担保权利顺序,下列选项正确的是:①

A. 乙银行应先就甲公司的抵押实现债权
B. 乙银行应先就丁的质押实现债权
C. 乙银行可选择就甲公司的抵押或丙的保证实现债权
D. 乙银行可选择就甲公司的抵押或丁的质押实现债权

172. 2020 回忆/任

甲公司向乙公司借款 1000 万元,丙公司在借款协议"保证人"栏下盖章,但未载明保证方式,丁以自有房屋为该债务设立担保并办理抵押登记。借款到期后甲公司未偿还,乙公司拟向丙公司和丁主张权利。下列说法正确的是:②

A. 丙公司应按一般保证承担保证责任
B. 丁承担责任后,有权向丙公司追偿
C. 丁承担责任后,有权向甲公司追偿
D. 丙公司承担保证责任后,有权向甲公司追偿

考点37 抵押权的设立

173. 2013/3/57/多

甲向乙借款,丙与乙约定以自有房屋担保该笔借款。丙仅将房本交给乙,未按约定办理抵押登记。借款到期后甲无力清偿,丙的房屋被法院另行查封。下列哪些表述是正确的?③

A. 乙有权要求丙继续履行担保合同,办理房屋抵押登记
B. 乙有权要求丙以自身全部财产承担担保义务
C. 乙有权要求丙以房屋价值为限承担担保义务
D. 乙有权要求丙承担损害赔偿责任

174. 2013/3/58/多

甲向乙借款,欲以轿车作担保。关于担保,下列哪些选项是正确的?④

A. 甲可就该轿车设立质权
B. 甲可就该轿车设立抵押权

---

① A ② ACD ③ ACD(原答案为CD) ④ AB

C. 就该轿车的质权自登记时设立
D. 就该轿车的抵押权自登记时设立

175. (2015/3/7/单)

甲乙为夫妻,共有一套房屋登记在甲名下。乙瞒着甲向丙借款100万元供个人使用,并将房屋抵押给丙。在签订抵押合同和办理抵押登记时乙冒用甲的名字签字。现甲主张借款和抵押均无效。下列哪一表述是正确的?①

A. 抵押合同无效
B. 借款合同无效
C. 甲对100万元借款应负连带还款义务
D. 甲可请求撤销丙的抵押权

176. (2015/3/53/多)

甲向某银行贷款,甲、乙和银行三方签订抵押协议,由乙提供房产抵押担保。乙把房本交给银行,因登记部门原因导致银行无法办理抵押物登记。乙向登记部门申请挂失房本后换得新房本,将房屋卖给知情的丙并办理了过户手续。甲届期未还款,关于贷款、房屋抵押和买卖,下列哪些说法是正确的?②

A. 乙应向银行承担违约责任
B. 丙应代为向银行还款
C. 如丙代为向银行还款,可向甲主张相应款项
D. 因登记部门原因未办理抵押登记,但银行占有房本,故取得抵押权

177. (2022 回忆/单)

甲借给乙100万元,为提供担保,甲与丙签订了不动产抵押合同,丙以其一套住房为借款提供担保。其后,丙经甲多次催告无故不办理抵押登记。借款合同到期后,乙没有按时还款。对此,下列哪一项说法是正确的?③

A. 丙无故不办理抵押登记,视为抵押权已经设立
B. 抵押合同成立后抵押权已经设立
C. 抵押合同效力待定
D. 丙应在抵押物的价值范围内承担违约责任

① D ② AC ③ D

刷题表	时 间	题号	一刷	二刷	题号	一刷	二刷	题号	一刷	二刷	题号	一刷	二刷

考点38 抵押物的转让

178．(2009/3/55/多) 新法改编

甲公司向某银行贷款100万元,乙公司以其所有的一栋房屋作抵押担保,并完成了抵押登记。现乙公司拟将房屋出售给丙公司,通知了银行并向丙公司告知了该房屋已经抵押的事实。乙、丙订立书面买卖合同后到房屋管理部门办理过户手续。下列哪些说法是正确的?①

A. 不论银行是否同意转让,房屋管理部门应当准予过户,但银行仍然对该房屋享有抵押权
B. 如丙公司代为清偿了甲公司的银行债务,则抵押权消灭
C. 如果银行能够证明乙将房屋转让的行为可能损害其抵押权,则可请求乙将转让所得的价款向抵押权人提前清偿债务或者提存
D. 若乙转让房屋得价款80万元,乙应当按照抵押合同再补充剩余的20万元

179．(2019 回忆/单)

魏某成立一个体工商户,主营棉花加工和销售。因向银行借款100万元,魏某将一批棉花抵押给银行,并办理了抵押登记。后在经营活动中未经银行同意,魏某将棉花以市场价出卖给温某,但未告知温某该批棉花已经抵押的事实,温某向魏某支付了全部价款。银行因魏某届期无法清偿债务欲行使抵押权,始知魏某将棉花出卖于温某的事实。此时,魏某已破产,无其他财产可供清偿,该批棉花也已被温某消耗殆尽。对此,下列哪一项表述是正确的?②

A. 银行的抵押权自登记之日起取得
B. 温某没有取得对棉花的所有权
C. 银行对棉花的抵押权已经消灭
D. 温某应赔偿银行的损失

考点39 抵押权的顺位

180．(2008/3/11/单)

黄河公司以其房屋作抵押,先后向甲银行借款100万元,乙银行借款300万元,丙银行借款500万元,并依次办理了抵押登记。后丙银行与甲银行商定交换各自抵押权的顺位,并办理了变更登记,但乙银行并不知情。因

---

① ABC ② C

| 刷题表 | 时　间 | 题号 | 一刷 | 二刷 | 题号 | 一刷 | 二刷 | 题号 | 一刷 | 二刷 | 题号 | 一刷 | 二刷 |

黄河公司无力偿还三家银行的到期债务,银行拍卖其房屋,仅得价款600万元。关于三家银行对该价款的分配,下列哪一选项是正确的?①

A. 甲银行100万元、乙银行300万元、丙银行200万元
B. 甲银行得不到清偿、乙银行100万元、丙银行500万元
C. 甲银行得不到清偿、乙银行300万元、丙银行300万元
D. 甲银行100万元、乙银行200万元、丙银行300万元

181. 2019回忆/单

甲向乙借款,以自己的房屋设定了抵押权。后甲又向丙借款,又以该房屋设定了抵押权。两次抵押均办理了抵押登记。后来甲乙之间签订了关于该房屋的买卖合同,并办理了过户登记。对此,下列说法正确的是:②

A. 乙的抵押权消灭
B. 丙的抵押权消灭
C. 乙丙的抵押权均未消灭
D. 甲乙之间的房屋买卖合同无效

考点40 抵押权人的权利

182. 2012/3/57/多

甲以自有房屋向乙银行抵押借款,办理了抵押登记。丙因甲欠钱不还,强行进入该房屋居住。借款到期后,甲无力偿还债务。该房屋由于丙的非法居住,难以拍卖,甲怠于行使对丙的返还请求权。乙银行可以行使下列哪些权利?③

A. 请求甲行使对丙的返还请求权,防止抵押财产价值的减少
B. 请求甲将对丙的返还请求权转让给自己
C. 可以代位行使对丙的返还请求权
D. 可以依据抵押权直接对丙行使返还请求权

考点41 动产浮动抵押

183. 2008/3/12/单

个体工商户甲将其现有的以及将有的生产设备、原材料、半成品、产品一并抵押给乙银行,但未办理抵押登记。抵押期间,甲未经乙同意以合理价格将一台生产设备出卖给丙。后甲不能向乙履行到期债务。对此,下列哪

---

① C　② C　③ AB

| 刷题表 | 时间 | 题号 | 一刷 | 二刷 | 题号 | 一刷 | 二刷 | 题号 | 一刷 | 二刷 | 题号 | 一刷 | 二刷 |

一选项是正确的?①
- A. 该抵押权因抵押物不特定而不能成立
- B. 该抵押权因未办理抵押登记而不能成立
- C. 该抵押权虽已成立但不能对抗善意第三人
- D. 乙有权对丙从甲处购买的生产设备行使抵押权

184. 2010/3/56/多 新法改编

某农村养殖户为扩大规模向银行借款,欲以其财产设立浮动抵押。对此,下列哪些表述是正确的?②
- A. 该养殖户可将存栏的养殖物作为抵押财产
- B. 转让抵押财产须经银行同意
- C. 动产抵押办理登记后可以对抗任何善意第三人
- D. 如借款到期未还,抵押财产自借款到期时确定

185. 2017/3/89/任

甲服装公司与乙银行订立合同,约定甲公司向乙银行借款300万元,用于购买进口面料。同时,双方订立抵押合同,约定甲公司以其现有的以及将有的生产设备、原材料、产品为前述借款设立抵押。借款合同和抵押合同订立后,乙银行向甲公司发放了贷款,但未办理抵押登记。之后,根据乙银行要求,丙为此项贷款提供连带责任保证,丁以一台大型挖掘机作质押并交付。

关于甲公司的抵押,下列选项正确的是:③
- A. 该抵押合同为最高额抵押合同
- B. 乙银行自抵押合同生效时取得抵押权
- C. 乙银行自抵押登记完成时取得抵押权
- D. 乙银行的抵押权不得对抗在正常经营活动中已支付合理价款并取得抵押财产的买受人

186. 2022回忆/任

甲公司因为借款需要提供担保,将现有及将有的生产设备、原材料、成品、半成品抵押给乙银行,办理了抵押登记。后来,甲公司把其中一台生产设备卖给了丙公司,丙公司支付了合理价款,甲公司按约定交付了生产设备。借款到期后,甲公司未向乙银行还款,乙银行欲实现抵押权。对此,下列说法正确的是:④

---

① C ② AD ③ BD ④ ABD

A. 丙公司获得该设备的所有权
B. 由于办理了抵押登记,乙银行可就该生产设备行使优先受偿权
C. 由于丙公司是正常经营活动中的买受人,乙银行不能就生产设备行使优先受偿权
D. 若乙银行在主债权诉讼时效经过后行使抵押权,不能获得支持

考点42 最高额抵押

187. 2015/3/54/多

2014年7月1日,甲公司、乙公司和张某签订了《个人最高额抵押协议》,张某将其房屋抵押给乙公司,担保甲公司在一周前所欠乙公司货款300万元,最高债权额400万元,并办理了最高额抵押登记,债权确定期间为2014年7月2日到2015年7月1日。债权确定期间内,甲公司因从乙公司分批次进货,又欠乙公司100万元。甲公司未还款。关于有抵押担保的债权额和抵押权期间,下列哪些选项是正确的?①

A. 债权额为100万元
B. 债权额为400万元
C. 抵押权期间为1年
D. 抵押权期间为主债权诉讼时效期间

188. 甲、乙双方于2013年5月6日签订水泥供应合同,乙以自己的土地使用权为其价款支付提供了最高额抵押,约定2014年5月5日为债权确定日,并办理了登记。丙为担保乙的债务,也于2013年5月6日与甲订立最高额保证合同,保证期间为一年,自债权确定日开始计算。

请回答第(1)、(2)题。

(1) 2016/3/89/任

水泥供应合同约定,将2013年5月6日前乙欠甲的货款纳入了最高额抵押的担保范围。下列说法正确的是:②

A. 该约定无效
B. 该约定合法有效
C. 如最高额保证合同未约定将2013年5月6日前乙欠甲的货款纳入最高额保证的担保范围,则丙对此不承担责任
D. 丙有权主张减轻其保证责任

---

① BD ② BC

(2) **2016/3/90/任**

甲在2013年11月将自己对乙已取得的债权全部转让给丁。下列说法正确的是:①
A. 甲的行为将导致其最高额抵押权消灭
B. 甲将上述债权转让给丁后,丁取得最高额抵押权
C. 甲将上述债权转让给丁后,最高额抵押权不随之转让
D. 2014年5月5日前,甲对乙的任何债权均不得转让

189. 2018回忆/多

甲公司与长期向其供货的乙公司订立书面协议,约定甲公司以其价值3000万元的厂房作为协议生效后3年内甲公司对乙公司所负债务的抵押物,设立最高额抵押权,担保债权最高金额为2500万元。下列哪些说法是正确的?②
A. 如乙公司对甲公司的厂房实现抵押权时其债权余额为3500万元,则乙公司只能就2500万元债权优先受偿
B. 该最高额抵押权设立前成立的乙公司对甲公司的债权,不得纳入最高额抵押担保的债权范围
C. 3年期限届满前,甲公司可与乙公司通过协议将抵押担保债权最高金额变为3000万元
D. 在债权确定前,经当事人约定,乙公司转让其部分债权时,最高额抵押权可随之转让

考点43 动产质权

190. 2015/3/8/单

乙欠甲货款,二人商定由乙将一块红木出质并签订质权合同。甲与丙签订委托合同授权丙代自己占有红木。乙将红木交付与丙。下列哪一说法是正确的?③
A. 甲乙之间的担保合同无效
B. 红木已交付,丙取得质权
C. 丙经甲的授权而占有,甲取得质权
D. 丙不能代理甲占有红木,因而甲未取得质权

---
① C ② ACD ③ C

| 刷题表 | 时 间 | 题号 | 一刷 | 二刷 | 题号 | 一刷 | 二刷 | 题号 | 一刷 | 二刷 | 题号 | 一刷 | 二刷 |

191． 2019 回忆/多

甲将其一相机质押给乙。后为担保乙对丙的债务,乙在向丙表明自己为相机质权人身份的前提下,乙以自己的名义将该相机质押给丙。后因甲对乙、乙对丙均未履行到期债务,质押相机拍卖得款,乙、丙均主张优先受偿权。对此,下列表述正确的是:①

A. 若经过甲同意,丙优先于乙
B. 若经过甲同意,乙优先于丙
C. 若未经甲同意,丙优先于乙
D. 若未经甲同意,乙优先于丙

考点44 权利质权

192． 2009/3/7/单 新法改编

根据《民法典》的规定,下列哪一类权利不能设定权利质权?②

A. 专利权
B. 应收账款债权
C. 可以转让的股权
D. 房屋所有权

193． 2012/3/7/单

甲对乙享有10万元的债权,甲将该债权向丙出质,借款5万元。下列哪一表述是错误的?③

A. 将债权出质的事实通知乙不是债权质权生效的要件
B. 如未将债权出质的事实通知乙,丙即不得向乙主张权利
C. 如将债权出质的事实通知了乙,即使乙向甲履行了债务,乙不得对丙主张债已消灭
D. 乙在得到债权出质的通知后,向甲还款3万元,因还有7万元的债权额作为担保,乙的部分履行行为对丙有效

194． 2013/3/7/单

甲公司为乙公司向银行贷款100万元提供保证,乙公司将其基于与丙公司签订的供货合同而对丙公司享有的100万元债权出质给甲公司作反担保。下列哪一表述是正确的?④

A. 如乙公司依约向银行清偿了贷款,甲公司的债权质权仍未消灭
B. 如甲公司、乙公司将出质债权转让给丁公司但未通知丙公司,则丁公

---

① AC ② D ③ D ④ D

· 67 ·

司可向丙公司主张该债权
C. 甲公司在设立债权质权时可与乙公司约定,如乙公司届期不清偿银行贷款,则出质债权归甲公司所有
D. 如乙公司将债权出质的事实通知了丙公司,则丙公司可向甲公司主张其基于供货合同而对乙公司享有的抗辩

195. 2014/3/7/单

甲公司通知乙公司将其对乙公司的10万元债权出质给了丙银行,担保其9万元贷款。出质前,乙公司对甲公司享有2万元到期债权。如乙公司提出抗辩,关于丙银行可向乙公司行使质权的最大数额,下列哪一选项是正确的?①

A. 10万元
B. 9万元
C. 8万元
D. 7万元

196. 2019 回忆/多

张三对李四享有应收账款债权,因张三对王五有债务,张三于是将其对李四享有的该应收账款债权出质给王五,与王五订立质押合同,并办理了质押登记。后张三又将该应收账款债权转让给不知情的马六。对此,下列说法正确的是:②

A. 该质权在登记前生效,登记后可以对抗第三人
B. 张三、王五质押合同自成立时生效,不以办理出质登记为生效要件
C. 若王五不同意张三转让质权,则王五可以主张张三债权转让行为无效
D. 若王五同意张三转让,王五可以主张以该债权转让所得价款优先受偿

考点45 留置权

197. 2010/3/10/单

辽东公司欠辽西公司货款200万元,辽西公司与辽中公司签订了一份价款为150万元的电脑买卖合同,合同签订后,辽中公司指示辽西公司将该合同项下的电脑交付给辽东公司。因辽东公司届期未清偿所欠货款,故辽西公司将该批电脑扣留。关于辽西公司的行为,下列哪一选项是正确的?③

A. 属于行使抵押权
B. 属于行使动产质权
C. 属于行使留置权
D. 属于自助行为

---

① C ② BCD ③ C

刷题表	时　间	题号	一刷	二刷	题号	一刷	二刷	题号	一刷	二刷	题号	一刷	二刷

198. 2010/3/54/多

小贝购得一只世界杯指定用球后兴奋不已,一脚踢出,恰好落入邻居老马家门前的水井中,正在井边清洗花瓶的老马受到惊吓,手中花瓶落地摔碎。老马从井中捞出足球后,小贝央求老马归还,老马则要求小贝赔偿花瓶损失。对此,下列哪些选项是正确的?①

　A. 小贝对老马享有物权请求权
　B. 老马对小贝享有物权请求权
　C. 老马对小贝享有债权请求权
　D. 如小贝拒绝赔偿,老马可对足球行使留置权

199. 2015/3/55/单

下列哪一情形下权利人可以行使留置权?②

　A. 张某为王某送货,约定货物送到后一周内支付运费。张某在货物运到后立刻要求王某支付运费被拒绝,张某可留置部分货物
　B. 刘某把房屋租给方某,方某退租搬离时尚有部分租金未付,刘某可留置方某部分家具
　C. 何某将丁某的行李存放在火车站小件寄存处,后丁某取行李时认为寄存费过高而拒绝支付,寄存处可留置该行李
　D. 甲公司加工乙公司的机器零件,约定先付费后加工。付费和加工均已完成,但乙公司尚欠甲公司借款,甲公司可留置机器零件

200. 2015/3/91/任

顺风电器租赁公司将一台电脑出租给张某,租期为 2 年。在租赁期间内,张某谎称电脑是自己的,分别以市价与甲、乙、丙签订了三份电脑买卖合同并收取了三份价款,但张某把电脑实际交付给了乙。后乙的这台电脑被李某拾得,因暂时找不到失主,李某将电脑出租给王某获得很高收益。王某租用该电脑时出了故障,遂将电脑交给康成电脑维修公司维修。王某和李某就维修费的承担发生争执。康成公司因未收到修理费而将电脑留置,并告知王某如 7 天内不交费,将变卖电脑抵债。李某听闻后,于当日潜入康成公司偷回电脑。

关于康成公司的民事权利,下列说法正确的是:③

　A. 王某在 7 日内未交费,康成公司可变卖电脑并自己买下电脑

---

① AC　② C(原答案为 CD)。原为多选题,根据新法答案有变化,调整为单选题　③ BC

B. 康成公司曾享有留置权,但当电脑被偷走后,丧失留置权
C. 康成公司可请求李某返还电脑
D. 康成公司可请求李某支付电脑维修费

201． 2016/3/7/单

甲借用乙的山地自行车,刚出门就因莽撞骑行造成自行车链条断裂,甲将自行车交给丙修理,约定修理费100元。乙得知后立刻通知甲解除借用关系并告知丙,同时要求丙不得将自行车交给甲。丙向甲核实,甲承认。自行车修好后,甲、乙均请求丙返还。对此,下列哪一选项是正确的?①

A. 甲有权请求丙返还自行车
B. 丙如将自行车返还给乙,必经经过甲当场同意
C. 乙有权要求丙返还自行车,但在修理费未支付前,丙就自行车享有留置权
D. 如乙要求丙返还自行车,即使修理费未付,丙也不得对乙主张留置权

202． 2018回忆/单

朴某是枫蓝公司的业务经理。公司为方便朴某工作,特将公司的一辆特斯拉Model3批给朴某无偿使用。后来,朴某因为违反公司的管理制度,在开展业务过程中收受客户回扣,被公司解职。由于公司没有依约向朴某支付应付提成奖金20万元,朴某遂对枫蓝公司的该特斯拉汽车主张留置权,不予返还。关于朴某行使留置权的主张,以下哪一项说法是正确的?②

A. 朴某有权主张留置权以扣留该汽车
B. 朴某无权就该汽车主张留置权
C. 朴某有权随时将该汽车拍卖,并就价款优先清偿自己的提成奖金
D. 朴某有权在两个月后将该汽车拍卖,并就价款优先清偿自己的提成奖金

考点46 担保物权的竞合

203． 2011/3/7/单

同升公司以一套价值100万元的设备作为抵押,向甲借款10万元,未办理抵押登记手续。同升公司又向乙借款80万元,以该套设备作为抵押,并办理了抵押登记手续。同升公司欠丙货款20万元,将该套设备出质给丙。丙不小心损坏了该套设备送丁修理,因欠丁5万元修理费,该套设备被丁

① C ② B

刷题表	时 间	题号	一刷	二刷	题号	一刷	二刷	题号	一刷	二刷	题号	一刷	二刷

留置。关于甲、乙、丙、丁对该套设备享有的担保物权的清偿顺序,下列哪一排列是正确的?①

A. 甲乙丙丁
B. 乙丙丁甲
C. 丙丁甲乙
D. 丁乙丙甲

204. 2013/3/8/单

甲公司以其机器设备为乙公司设立了质权。10 日后,丙公司向银行贷款 100 万元,甲公司将机器设备又抵押给银行,担保其中 40 万元贷款,但未办理抵押登记。同时,丙公司将自有房产抵押给银行,担保其余 60 万元贷款,办理了抵押登记。20 日后,甲将机器设备再抵押给丁公司,办理了抵押登记。丙公司届期不能清偿银行贷款。下列哪一表述是正确的?②

A. 如银行主张全部债权,应先拍卖房产实现抵押权
B. 如银行主张全部债权,可选择拍卖房产或者机器设备实现抵押权
C. 乙公司的质权优先于银行对机器设备的抵押权
D. 丁公司对机器设备的抵押权优先于乙公司的质权

考点 47 非典型担保

205. 2023 回忆/单

曾某将自己的名牌包卖给罗某并交付,双方约定:罗某向曾某支付 10 万元,3 个月后曾某向罗某返还本金 10 万元及利息,否则该名牌包归罗某所有。后曾某到期未偿还本息。关于罗某享有的权利,下列哪一说法是正确的?③

A. 对名牌包享有质权
B. 取得名牌包所有权
C. 有权就该名牌包优先受偿
D. 对名牌包享有抵押权

专题十一 占有

考点 48 占有

206. 2012/3/8/单

甲、乙是邻居。乙出国 2 年,甲将乙的停车位占为己用。期间,甲

① D ② C ③ C

将该停车位出租给丙,租期1年。期满后丙表示不再续租,但仍继续使用该停车位。下列哪一表述是错误的?①

A. 甲将乙的停车位占为己用,甲属于恶意、无权占有人
B. 丙的租期届满前,甲不能对丙主张占有返还请求权
C. 乙可以请求甲返还原物。在甲为间接占有人时,可以对甲请求让与其对丙的占有返还请求权
D. 无论丙是善意或恶意的占有人,乙都可以对其行使占有返还请求权

207. 2012/3/58/多

丙找甲借自行车,甲的自行车与乙的很相像,均放于楼下车棚。丙错认乙车为甲车,遂把乙车骑走。甲告知丙骑错车,丙未理睬。某日,丙骑车购物,将车放在商店楼下,因墙体倒塌将车砸坏。下列哪些表述是正确的?②

A. 丙错认乙车为甲车而占有,属于无权占有人
B. 甲告知丙骑错车前,丙修车的必要费用,乙应当偿还
C. 无论丙是否知道骑错车,乙均有权对其行使占有返还请求权
D. 对于乙车的毁损,丙应当承担赔偿责任

208. 2014/3/9/单

张某拾得王某的一只小羊拒不归还,李某将小羊从张某羊圈中抱走交给王某。下列哪一表述是正确的?③

A. 张某拾得小羊后因占有而取得所有权
B. 张某有权要求王某返还占有
C. 张某有权要求李某返还占有
D. 李某侵犯了张某的占有

209. 2014/3/58/多

某小区徐某未获得规划许可证和施工许可证便在自住房前扩建一个门面房,挤占小区人行通道。小区其他业主多次要求徐某拆除未果后,将该门面房强行拆除,毁坏了徐某自住房屋的墙砖。关于拆除行为,下列哪些表述是正确的?④

A. 侵犯了徐某门面房的所有权
B. 侵犯了徐某的占有

---

① D ② ABCD ③ D ④ BD

C. 其他业主应恢复原状

D. 其他业主应赔偿徐某自住房屋墙砖毁坏的损失

210. 2015/3/56/多

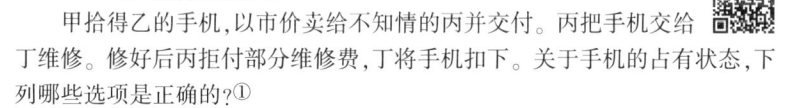

甲拾得乙的手机,以市价卖给不知情的丙并交付。丙把手机交给丁维修。修好后丙拒付部分维修费,丁将手机扣下。关于手机的占有状态,下列哪些选项是正确的?①

A. 乙丢失手机后,由直接占有变为间接占有

B. 甲为无权占有、自主占有

C. 丙为无权占有、善意占有

D. 丁为有权占有、他主占有

211. 2016/3/9/单

甲、乙就乙手中的一枚宝石戒指的归属发生争议。甲称该戒指是其在2015年10月1日外出旅游时让乙保管,属甲所有,现要求乙返还。乙称该戒指为自己所有,拒绝返还。甲无法证明对该戒指拥有所有权,但能够证明在2015年10月1日前一直合法占有该戒指,乙则拒绝提供自2015年10月1日后从甲处合法取得戒指的任何证据。对此,下列哪一说法是正确的?②

A. 应推定乙对戒指享有合法权利,因占有具有权利公示性

B. 应当认定甲对戒指享有合法权利,因其证明了自己的先前占有

C. 应当由甲、乙证明自己拥有所有权,否则应判决归国家所有

D. 应当认定由甲、乙共同共有

212. 2018回忆/单

某大学学生甲在教室备考复习,把教材放在教室去吃饭,准备吃完饭回来继续复习。乙见甲离开教室,便翻看其教材,感觉非常受益,遂将教材带走占为己有。对于甲对教材的占有,下列哪些说法是正确的?③

A. 甲离开教室即失去对教材的占有

B. 乙翻看教材时甲即失去对教材的占有

C. 乙将教材带出教室,甲即失去对教材的占有

D. 甲对教材的占有不因乙受影响,甲不曾失去对教材的占有

---

① ABCD ② B ③ C

第三编　合　同

专题十二　债与合同概述

考点49 债的分类

213. 2009/3/9/单

甲对乙说:如果你在三年内考上公务员,我愿将自己的一套住房或者一辆宝马轿车相赠。乙同意。两年后,乙考取某国家机关职位。关于甲与乙的约定,下列哪一说法是正确的?①

A. 属于种类之债
B. 属于选择之债
C. 属于连带之债
D. 属于劳务之债

214. 2011/3/10/单 新法改编

甲公司向银行贷款1000万元,乙公司和丙公司向银行分别出具担保函:"在甲公司不按时偿还1000万元本息时,本公司承担保证责任。"关于乙公司和丙公司对银行的保证债务,下列哪一表述是正确的?②

A. 属于选择之债
B. 属于连带之债
C. 属于按份之债
D. 属于简单之债

215. 2013/3/12/单

甲、乙与丙就交通事故在交管部门的主持下达成《调解协议书》,由甲、乙分别赔偿丙5万元,甲当即履行。乙赔了1万元,余下4万元给丙打了欠条。乙到期后未履行,丙多次催讨未果,遂持《调解协议书》与欠条向法院起诉。下列哪一表述是正确的?③

A. 本案属侵权之债
B. 本案属合同之债

---

① B　② D(原答案为B)　③ B

C. 如丙获得工伤补偿,乙可主张相应免责

D. 丙可要求甲继续赔偿4万元

考点50 债的发生原因

216. 2008/3/56/多

婷婷满一周岁,其父母将某影楼摄影师请到家中为其拍摄纪念照,并要求影楼不得保留底片用作他途。相片洗出后,影楼违反约定将婷婷相片制成挂历出售,获利颇丰。本案中存在哪些债的关系?①

A. 承揽合同之债

B. 委托合同之债

C. 侵权行为之债

D. 不当得利之债

考点51 合同的相对性

217. 2008/3/5/单

神牛公司在H省电视台主办的赈灾义演募捐现场举牌表示向S省红十字会捐款100万元,并指明此款专用于S省B中学的校舍重建。事后,神牛公司仅支付50万元。对此,下列哪一选项是正确的?②

A. H省电视台、S省红十字会、B中学均无权请求神牛公司支付其余50万元

B. S省红十字会、B中学均有权请求神牛公司支付其余50万元

C. S省红十字会有权请求神牛公司支付其余50万元

D. B中学有权请求神牛公司支付其余50万元

218. 2014/3/88/任

张某、方某共同出资,分别设立甲公司和丙公司。2013年3月1日,甲公司与乙公司签订了开发某房地产项目的《合作协议一》,约定如下:"甲公司将丙公司10%的股权转让给乙公司,乙公司在协议签订之日起三日内向甲公司支付首付款4000万元,尾款1000万元在次年3月1日之前付清。首付款用于支付丙公司从某国土部门购买A地块土地使用权。如协议签订之日起三个月内丙公司未能获得A地块土地使用权致双方合作失败,乙公司有权终止协议。"

---

① ACD ② C

《合作协议一》签订后,乙公司经甲公司指示向张某、方某支付了4000万元首付款。张某、方某配合甲公司将丙公司的10%的股权过户给了乙公司。

2013年5月1日,因张某、方某未将前述4000万元支付给丙公司致其未能向某国土部门及时付款,A地块土地使用权被收回挂牌卖掉。

2013年6月4日,乙公司向甲公司发函:"鉴于土地使用权已被国土部门收回,故我公司终止协议,请贵公司返还4000万元。"甲公司当即回函:"我公司已把股权过户到贵公司名下,贵公司无权终止协议,请贵公司依约支付1000万元尾款。"

2013年6月8日,张某、方某与乙公司签订了《合作协议二》,对继续合作开发房地产项目做了新的安排,并约定:"本协议签订之日,《合作协议一》自动作废。"丁公司经甲公司指示,向乙公司送达了《承诺函》:"本公司代替甲公司承担4000万元的返还义务。"乙公司对此未置可否。

关于2013年5月1日张某、方某未将4000万元支付给丙公司,应承担的责任,下列表述错误的是:①

A. 向乙公司承担违约责任
B. 与甲公司一起向乙公司承担连带责任
C. 向丙公司承担违约责任
D. 向某国土部门承担违约责任

219. (2018 回忆/多)

甲把服装店和库存都转让给了乙。丙不知情,打电话向甲订货,甲未表明服装店转让事宜,答应给丙送货。甲转告乙为丙送货,乙派店员送货到丙公司,丙同事签收。月底,乙将账单寄给丙要求付款,但丙已汇款至甲账户,拒绝再付。针对这一情况,下列说法正确的是?②

A. 乙可向丙主张不当得利
B. 丙可拒绝付款给乙
C. 乙可请求甲支付相应货款
D. 丙已取得货品所有权

220. (2020 回忆/单)

甲欠丙100吨钢材,为偿还该债务,甲与乙订立了100吨钢材的买卖合同,约定由乙向丙直接交付钢材,丙也可以直接向乙请求履行,丙对此

---

① ABCD ② BCD

刷题表	时 间	题 号	一刷	二刷	题 号	一刷	二刷	题 号	一刷	二刷	题 号	一刷	二刷

知情,也未拒绝。以下说法哪一项是正确的?①

A. 如乙不交付,丙可请求其履行且要求承担违约责任
B. 甲对乙已经没有任何义务
C. 乙不能向丙主张其对甲的抗辩
D. 因合同相对性,丙不能直接向乙请求履行交付义务

专题十三 合同的订立

考点52 合同的成立及效力

221. 2008/3/54/多

喜好网球和游泳的赵某从宏大公司购买某小区商品房一套,交房时发现购房时宏大公司售楼部所展示的该小区模型中的网球场和游泳池并不存在。经查,该小区设计中并无网球场和游泳池。下列哪些选项是正确的?②

A. 赵某有权要求退房
B. 赵某如要求退房,有权请求宏大公司承担缔约过错责任
C. 赵某如要求退房,有权请求宏大公司双倍返还购房款
D. 赵某如不要求退房,有权请求宏大公司承担违约责任

222. 2014/3/51/多

甲房产开发公司在交给购房人张某的某小区平面图和项目说明书中都标明有一个健身馆。张某看中小区健身方便,决定购买一套商品房并与甲公司签订了购房合同。张某收房时发现小区没有健身馆。下列哪些表述是正确的?③

A. 甲公司不守诚信,构成根本违约,张某有权退房
B. 甲公司构成欺诈,张某有权请求甲公司承担缔约过失责任
C. 甲公司恶意误导,张某有权请求甲公司双倍返还购房款
D. 张某不能滥用权利,在退房和要求甲公司承担违约责任之间只能选择一种

223. 2010/3/11/单

张某和李某采用书面形式签订一份买卖合同,双方在甲地谈妥合

---

① A ② ABD ③ AB

同的主要条款,张某于乙地在合同上签字,李某于丙地在合同上摁了手印,合同在丁地履行。关于该合同签订地,下列哪一选项是正确的?①

A. 甲地　　　　　　　　B. 乙地
C. 丙地　　　　　　　　D. 丁地

224． 2022 回忆/多

甲公司打算从乙公司采购一批办公桌椅,由甲公司总经理程某负责相关事宜。乙公司明确告知了程某这种办公桌椅的销售价格。7月2日,程某告知乙公司将于7月15日之前回复是否决定购买。后程某经过研究,认为乙公司的产品符合甲公司要求,打算购买,将写好承诺的文件和其他待发文件放在了一起,但尚未决定是否发出。7月13日,程某的秘书照常将程某的待发文件发出,其中包括程某写好承诺的文件。因为有了更好的产品选择,程某发现承诺文件被发走后,立即告知秘书撤回。关于合同成立问题,下列哪些说法是不正确的?②

A. 程某写好承诺文件时,合同即已成立
B. 由于秘书发出承诺文件未经程某明确指示,承诺即使到达,合同也不成立
C. 若撤回通知先于承诺到达或与承诺同时到达,合同不成立
D. 若撤回承诺的通知晚于承诺到达,构成承诺的撤销,合同效力待定

225． 2023 回忆/单

甲与乙在餐厅就餐,闲聊时甲提出想把自己的车以8万元的价格卖了换成新能源车。在临近餐桌就餐的丙听到后对甲说"愿以8万元的价格买你的车",甲说考虑一下。几分钟后,丙让甲赶紧签合同,甲说不卖了,与乙一起离开餐厅。对此,下列哪一说法是正确的?③

A. 甲作出了要约　　　　B. 甲作出了承诺
C. 丙作出了要约　　　　D. 丙作出了承诺

考点53　格式条款

226． 2008/3/7/单

甲手机专卖店门口立有一块木板,上书"假一罚十"四个醒目大字。乙从该店购买了一部手机,后经有关部门鉴定,该手机属于假冒产品,乙

① C　② ABD　③ C

· 78 ·

| 刷题表 | 时　间 | 题号 | 一刷 | 二刷 | 题号 | 一刷 | 二刷 | 题号 | 一刷 | 二刷 | 题号 | 一刷 | 二刷 |

遂要求甲履行其"假一罚十"的承诺。关于本案,下列哪一选项是正确的?①

　　A. "假一罚十"过分加重了甲的负担,属于无效的格式条款
　　B. "假一罚十"没有被订入到合同之中,故对甲没有约束力
　　C. "假一罚十"显失公平,甲有权请求法院予以变更或者撤销
　　D. "假一罚十"是甲自愿作出的真实意思表示,应当认定为有效

227． 2017/3/11/单

　　甲与乙公司订立美容服务协议,约定服务期为半年,服务费预收后逐次计扣,乙公司提供的协议格式条款中载明"如甲单方放弃服务,余款不退"(并注明该条款不得更改)。协议订立后,甲依约支付5万元服务费。在接受服务1个月并发生费用8000元后,甲感觉美容效果不明显,单方放弃服务并要求退款,乙公司不同意。甲起诉乙公司要求返还余款。下列哪一选项是正确的?②

　　A. 美容服务协议无效
　　B. "如甲单方放弃服务,余款不退"的条款无效
　　C. 甲单方放弃服务无须承担违约责任
　　D. 甲单方放弃服务应承担继续履行的违约责任

考点54　缔约过失责任

228． 2010/3/12/单

　　甲、乙同为儿童玩具生产商。六一节前夕,丙与甲商谈进货事宜。乙知道后向丙提出更优惠条件,并指使丁假借进货与甲接洽,报价高于丙以阻止甲与丙签约。丙经比较与乙签约,丁随即终止与甲的谈判,甲因此遭受损失。对此,下列哪一说法是正确的?③

　　A. 乙应对甲承担缔约过失责任
　　B. 丙应对甲承担缔约过失责任
　　C. 丁应对甲承担缔约过失责任
　　D. 乙、丙、丁无须对甲承担缔约过失责任

229． 2017/3/12/单

　　德凯公司拟为新三板上市造势,在无真实交易意图的情况下,短期内以业务合作为由邀请多家公司来其主要办公地点洽谈。其中,真诚公司

① D　② B　③ C

安排授权代表往返十余次,每次都准备了详尽可操作的合作方案,德凯公司佯装感兴趣并屡次表达将签署合同的意愿,但均在最后一刻推脱拒签。其间,德凯公司还将知悉的真诚公司的部分商业秘密不当泄露。对此,下列哪一说法是正确的?①

A. 未缔结合同,则德凯公司就磋商事宜无需承担责任
B. 虽未缔结合同,但德凯公司构成恶意磋商,应赔偿损失
C. 未缔结合同,则商业秘密属于真诚公司自愿披露,不应禁止外泄
D. 德凯公司也付出了大量的工作成本,如被对方主张赔偿,则据此可主张抵销

专题十四 合同的履行

考点55 合同履行与债的清偿

230. 2013/3/86/任

材料①:2012年2月,甲公司与其全资子公司乙公司签订了《协议一》,约定甲公司将其建设用地使用权用于抵偿其欠乙公司的2000万元债务,并约定了仲裁条款。但甲公司未依约将该用地使用权过户到乙公司名下,而是将之抵押给不知情的银行以获贷款,办理了抵押登记。

根据材料①,关于甲公司、乙公司与银行的法律关系,下列表述正确的是:②

A. 甲公司欠乙公司2000万元债务没有消灭
B. 甲公司抵押建设用地使用权的行为属于无权处分
C. 银行因善意取得而享有抵押权
D. 甲公司用建设用地使用权抵偿债务的行为属于代为清偿

231. 2014/3/13/单

胡某于2006年3月10日向李某借款100万元,期限3年。2009年3月30日,双方商议再借100万元,期限3年。两笔借款均先后由王某保证,未约定保证方式和保证期间。李某未向胡某和王某催讨。胡某仅于2010年2月归还借款100万元。关于胡某归还的100万元,下列哪一表述是正确的?③

---

① B ② A ③ A

A. 因2006年的借款已到期,故归还的是该笔借款
B. 因2006年的借款无担保,故归还的是该笔借款
C. 因2006年和2009年的借款数额相同,故按比例归还该两笔借款
D. 因2006年和2009年的借款均有担保,故按比例归还该两笔借款

232. (2014/3/57/多)

2013年2月1日,王某以一套房屋为张某设定了抵押,办理了抵押登记。同年3月1日,王某将该房屋无偿租给李某1年,以此抵王某欠李某的借款。房屋交付后,李某向王某出具了借款还清的收据。同年4月1日,李某得知房屋上设有抵押后,与王某修订租赁合同,把起租日改为2013年1月1日。张某实现抵押权时,要求李某搬离房屋。下列哪些表述是正确的?①

A. 王某、李某的借款之债消灭
B. 李某的租赁权可对抗张某的抵押权
C. 王某、李某修订租赁合同行为无效
D. 李某可向王某主张违约责任

233. (2016/3/56/多)

王某向丁某借款100万元,后无力清偿,遂提出以自己所有的一幅古画抵债,双方约定第二天交付。对此,下列哪些说法是正确的?②

A. 双方约定以古画抵债,等同于签订了另一份买卖合同,原借款合同失效,王某只能以交付古画履行债务
B. 双方交付古画的行为属于履行借款合同义务
C. 王某有权在交付古画前反悔,提出继续以现金偿付借款本息方式履行债务
D. 古画交付后,如果被鉴定为赝品,则王某应承担瑕疵担保责任

234. (2018回忆/任)

甲向朋友乙借款。第一笔借款30万元,2018年4月1日到期,年利率为20%,有足额担保。第二笔借款30万元,2018年5月1日到期,年利率6%,没有担保。甲一直未还钱。2018年5月6日,甲委托丙代其向乙还第一笔借款,丙随即向乙转账30万元,转账时注明偿还第一笔借款。乙不同意,收到后表示这是还的第二笔借款。对于丙偿还的是哪一笔借款甲乙之间发生了争执,若不考虑产生的利息,下列说法正确的是:③

---
① ACD ② BCD ③ AB

A. 甲乙可以事后协商偿还的是哪一笔借款
B. 若甲乙事后不能达成协议,应认定为偿还的是第一笔
C. 若甲乙事后不能达成协议,应认定为偿还的是第二笔
D. 若甲乙事后不能达成协议,应认定为偿还的是两笔借款各还 15 万元

235. 2023 回忆/多

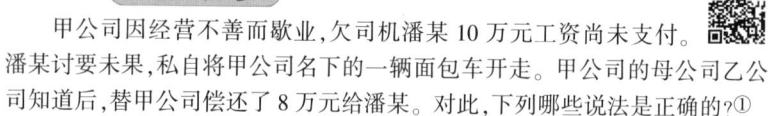

甲公司因经营不善而歇业,欠司机潘某 10 万元工资尚未支付。潘某讨要未果,私自将甲公司名下的一辆面包车开走。甲公司的母公司乙公司知道后,替甲公司偿还了 8 万元给潘某。对此,下列哪些说法是正确的?①

A. 甲公司还欠潘某 10 万元
B. 甲公司还欠潘某 2 万元
C. 乙公司构成无因管理
D. 潘某属于自助行为

考点56 合同履行中的第三人

236. 2012/3/12/单

甲公司对乙公司负有交付葡萄酒的合同义务。丙公司和乙公司约定,由丙公司代甲公司履行,甲公司对此全不知情。下列哪一表述是正确的?②

A. 虽然甲公司不知情,丙公司的履行仍然有法律效力
B. 因甲公司不知情,故丙公司代为履行后对甲公司不得追偿代为履行的必要费用
C. 虽然甲公司不知情,但如丙公司履行有瑕疵的,甲公司需就此对乙公司承担违约责任
D. 虽然甲公司不知情,但如丙公司履行有瑕疵从而承担违约责任的,丙公司可就该违约赔偿金向甲公司追偿

237. 2023 回忆/任

甲公司将某商品房开发项目发包给乙公司,工程款到期后甲公司无力支付,遂与乙公司签订《抵债协议》,约定甲公司将开发项目中的 A 楼卖给乙公司,以购房款折抵工程款。此前甲公司已将 A 楼出租给丙公司并交付,租期为 10 年,但甲公司并未告知乙公司。甲公司与乙公司办理 A 楼所有权转移登记后,丙公司拒不支付租金。据查,甲公司并未告知乙公司 A 楼的

---
① BC ② A

| 刷题表 | 时 间 | 题号 | 一刷 | 二刷 | 题号 | 一刷 | 二刷 | 题号 | 一刷 | 二刷 | 题号 | 一刷 | 二刷 |

租赁情况。对此,下列说法正确的是:①

A.《抵债协议》于办理 A 楼所有权转移登记时生效
B. 甲公司应向乙公司承担违约责任
C. 丙公司应向甲公司支付剩余租金
D. 甲公司应对乙公司无法收取的租金承担连带保证责任

考点57 合同履行中的抗辩权

238. 2008/3/57/多

某热电厂从某煤矿购煤 200 吨,约定交货期限为 2007 年 9 月 30 日,付款期限为 2007 年 10 月 31 日。9 月底,煤矿交付 200 吨煤,热电厂经检验发现煤的含硫量远远超过约定标准,根据政府规定不能在该厂区燃烧。基于上述情况,热电厂的哪些主张有法律依据?②

A. 行使顺序履行抗辩权
B. 要求煤矿承担违约责任
C. 行使不安抗辩权
D. 解除合同

239. 2009/3/10/单

甲公司与乙公司签订服装加工合同,约定乙公司支付预付款一万元,甲公司加工服装 1000 套,3 月 10 日交货,乙公司 3 月 15 日支付余款九万元。3 月 10 日,甲公司仅加工服装 900 套,乙公司此时因濒临破产致函甲公司表示无力履行合同。下列哪一说法是正确的?③

A. 因乙公司已支付预付款,甲公司无权中止履行合同
B. 乙公司有权以甲公司仅交付 900 套服装为由,拒绝支付任何货款
C. 甲公司有权以乙公司已不可能履行合同为由,请求乙公司承担违约责任
D. 因乙公司丧失履行能力,甲公司可行使顺序履行抗辩权

240. 2010/3/13/单

甲、乙订立一份价款为 1 万元的图书买卖合同,约定甲先支付书款,乙两个月后交付图书。甲由于资金周转困难只交付五万元,答应余款尽快支付,但乙不同意。两个月后甲要求乙交付图书,遭乙拒绝。对此,下列哪一

① B ② ABD ③ C

表述是正确的?①
  A. 乙对甲享有同时履行抗辩权
  B. 乙对甲享有不安抗辩权
  C. 乙有权拒绝交付全部图书
  D. 乙有权拒绝交付与五万元书款价值相当的部分图书

241. 2011/3/14/单

2011年5月6日,甲公司与乙公司签约,约定甲公司于6月1日付款,乙公司6月15日交付"连升"牌自动扶梯。合同签订后10日,乙公司销售他人的"连升"牌自动扶梯发生重大安全事故,质监局介入调查。合同签订后20日,甲、乙、丙公司三方合意,由丙公司承担付款义务。丙公司6月1日未付款。下列哪一表述是正确的?②
  A. 甲公司有权要求乙公司交付自动扶梯
  B. 丙公司有权要求乙公司交付自动扶梯
  C. 丙公司有权行使不安抗辩权
  D. 乙公司有权要求甲公司和丙公司承担连带债务

242. 2014/3/12/单

甲公司向乙公司购买小轿车,约定7月1日预付10万元,10月1日预付20万元,12月1日乙公司交车时付清尾款。甲公司按时预付第一笔款。乙公司于9月30日发函称因原材料价格上涨,需提高小轿车价格。甲公司于10月1日拒绝,等待乙公司答复未果后于10月3日向乙公司汇去20万元。乙公司当即拒收,并称甲公司迟延付款构成违约,要求解除合同,甲公司则要求乙公司继续履行。下列哪一表述是正确的?③
  A. 甲公司不构成违约
  B. 乙公司有权解除合同
  C. 乙公司可行使先履行抗辩权
  D. 乙公司可要求提高合同价格

243. 2015/3/10/单

甲与乙公司签订的房屋买卖合同约定:"乙公司收到首期房款后,向甲交付房屋和房屋使用说明书;收到二期房款后,将房屋过户给甲。"甲交纳首期房款后,乙公司交付房屋但未立即交付房屋使用说明书。甲以此为

① D ② C ③ A

由行使先履行抗辩权而拒不支付二期房款。下列哪一表述是正确的?①

A. 甲的做法正确,因乙公司未完全履行义务
B. 甲不应行使先履行抗辩权,而应行使不安抗辩权,因乙公司有不能交付房屋使用说明书的可能性
C. 甲可主张解除合同,因乙公司未履行义务
D. 甲不能行使先履行抗辩权,因甲的付款义务与乙公司交付房屋使用说明书不形成主给付义务对应关系

244. 2022 回忆/多

甲公司向乙公司购买一批货物,约定 6 月 30 日交货,甲公司支付货款 500 万元。同时还约定,任何一方履行迟延,需要向对方支付 10 万元的违约金,货物由乙公司负责办理托运。后乙公司未能在 6 月 30 日交货,甲公司也未支付货款。7 月 30 日,乙公司将该批货物交给承运人丙公司承运,运输途中,遭遇山体滑坡,货物全部损毁。下列哪些说法是正确的?②

A. 乙公司有权要求甲公司支付 10 万元迟延履行的违约金
B. 甲公司不需要承担迟延支付货款的违约责任
C. 对于货物损毁,甲公司无权请求乙公司承担赔偿责任
D. 丙公司应将收取的运费退还乙公司

考点58 情势变更

245. 2012/3/11/单

甲与乙教育培训机构就课外辅导达成协议,约定甲交费 5 万元,乙保证甲在接受乙的辅导后,高考分数能达到二本线。若未达到该目标,全额退费。结果甲高考成绩仅达去年二本线,与今年高考二本线尚差 20 分。关于乙的承诺,下列哪一表述是正确的?③

A. 属于无效格式条款
B. 因显失公平而可变更
C. 因情势变更而可变更
D. 虽违背教育规律但属有效

246. 2012/3/60/多

甲公司与乙公司签订商品房包销合同,约定甲公司将其开发的

---
① D ② BCD ③ D

10套房屋交由乙公司包销。甲公司将其中1套房屋卖给丙,丙向甲公司支付了首付款20万元。后因国家出台房地产调控政策,丙不具备购房资格,甲公司与丙之间的房屋买卖合同不能继续履行。下列哪些表述是正确的?①

A. 甲公司将房屋出卖给丙的行为属于无权处分
B. 乙公司有权请求甲公司承担违约责任
C. 丙有权请求解除合同
D. 甲公司只需将20万元本金返还给丙

专题十五　合同的保全

考点59　合同的保全:债权人代位权与债权人撤销权

247. 2010/3/58/多

甲对乙享有2006年8月10日到期的六万元债权,到期后乙无力清偿。乙对丙享有五万元债权,清偿期已届满七个月,但乙未对丙采取法律措施。乙对丁还享有五万元人身损害赔偿请求权。后乙去世,无其他遗产,遗嘱中将上述十万元的债权赠与戊。对此,下列哪些选项是正确的?②

A. 甲可向法院请求撤销乙的遗赠
B. 在乙去世前,甲可直接向法院请求丙向自己清偿
C. 在乙去世前,甲可直接向法院请求丁向自己清偿
D. 如甲行使代位权胜诉,行使代位权的诉讼费用和其他费用都应该从乙财产中支付

248. 2012/3/15/单

甲公司在2011年6月1日欠乙公司货款500万元,届期无力清偿。2010年12月1日,甲公司向丙公司赠送一套价值50万元的机器设备。2011年3月1日,甲公司向丁基金会捐赠50万元现金。2011年12月1日,甲公司向戊希望学校捐赠价值100万元的电脑。甲公司的3项赠与行为均尚未履行。下列哪一选项是正确的?③

A. 乙公司有权撤销甲公司对丙公司的赠与
B. 乙公司有权撤销甲公司对丁基金会的捐赠
C. 乙公司有权撤销甲公司对戊学校的捐赠
D. 甲公司有权撤销对戊学校的捐赠

① BC　② AB　③ C

| 刷题表 | 时　间 | 题号 | 一刷 | 二刷 | 题号 | 一刷 | 二刷 | 题号 | 一刷 | 二刷 | 题号 | 一刷 | 二刷 |

249． 2012/3/59/多

甲公司对乙公司享有5万元债权,乙公司对丙公司享有10万元债权。如甲公司对丙公司提起代位权诉讼,则针对甲公司,丙公司的下列哪些主张具有法律依据？①

A. 有权主张乙公司对甲公司的抗辩

B. 有权主张丙公司对乙公司的抗辩

C. 有权主张代位权行使中对甲公司的抗辩

D. 有权要求法院追加乙公司为共同被告

250． 2013/3/90/任

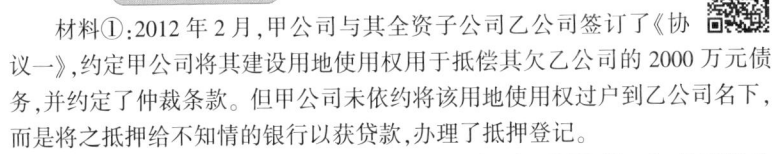

材料①:2012年2月,甲公司与其全资子公司乙公司签订了《协议一》,约定甲公司将其建设用地使用权用于抵偿其欠乙公司的2000万元债务,并约定了仲裁条款。但甲公司未依约将该用地使用权过户到乙公司名下,而是将之抵押给不知情的银行以获贷款,办理了抵押登记。

材料②:同年4月,甲公司、丙公司与丁公司签订了《协议二》,约定甲公司欠丁公司的5000万元债务由丙公司承担,且甲公司法定代表人张某为该笔债务提供保证,但未约定保证方式和期间。曾为该5000万元负债提供房产抵押担保的李某对《协议二》并不知情。同年5月,丁公司债权到期。

材料③:同年6月,丙公司丧失偿债能力。丁公司查知乙公司作为丙公司的股东(非发起人),对丙公司出资不实,尚有3000万元未注入丙公司。同年8月,乙公司既不承担出资不实的赔偿责任,又怠于向甲公司主张权利。

材料④:同年10月,甲公司股东戊公司与己公司签订了《协议三》,约定戊公司将其对甲公司享有的60%股权低价转让给己公司,戊公司承担甲公司此前的所有负债。

根据材料①、材料②和材料③,如丁公司向甲公司提起3000万元代位权诉讼,甲公司认为丁公司不能提起代位权之诉的下列抗辩理由中不能成立的是:②

A. 甲公司对乙公司的债务是过户建设用地使用权,而非金钱债务

B.《协议一》有仲裁条款

C. 乙公司多次发函给甲公司要求清偿债务

D.《协议一》的2000万元数额低于乙公司出资不实的3000万元

---

① ABC　② ABCD

| 刷题表 | 时 间 | 题号 | 一刷 | 二刷 | 题号 | 一刷 | 二刷 | 题号 | 一刷 | 二刷 | 题号 | 一刷 | 二刷 |

251． 2016/3/58/多

乙向甲借款20万元，借款到期后，乙的下列哪些行为导致无力偿还甲的借款时，甲可申请法院予以撤销？①

A. 乙将自己所有的财产用于偿还对他人的未到期债务

B. 乙与其债务人约定放弃对债务人财产的抵押权

C. 乙在离婚协议中放弃对家庭共有财产的分割

D. 乙父去世，乙放弃对父亲遗产的继承权

252． 2017/3/58/多

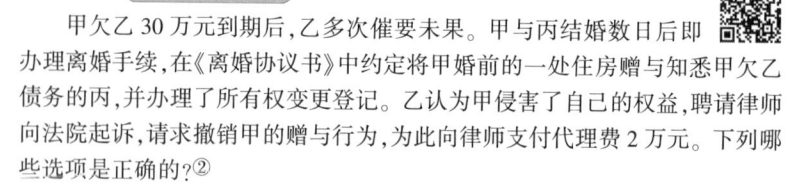

甲欠乙30万元到期后，乙多次催要未果。甲与丙结婚数日后即办理离婚手续，在《离婚协议书》中约定将甲婚前的一处住房赠与知悉甲欠乙债务的丙，并办理了所有权变更登记。乙认为甲侵害了自己的权益，聘请律师向法院起诉，请求撤销甲的赠与行为，为此向律师支付代理费2万元。下列哪些选项是正确的？②

A.《离婚协议书》因恶意串通损害第三人利益而无效

B. 如甲证明自己有稳定工资收入及汽车等财产可供还债，法院应驳回乙的诉讼请求

C. 如乙仅以甲为被告，法院应追加丙为被告

D. 如法院认定乙的撤销权成立，应一并支持乙提出的由甲承担律师代理费的请求

253． 2019回忆/多

甲公司欠乙公司和丙公司的债务均无法全部偿还。经查，甲公司名下有一辆汽车和一套房屋。乙公司派公关人员到甲公司，找到甲公司负责人，说干脆就将房屋与汽车都抵押给乙公司，正好还乙公司的债务，不然也是要被丙公司拿去。甲公司同意，并与乙公司签订了抵押合同。后来，甲公司无法清偿债务，乙公司主张实现抵押权。对此，下列哪些说法是正确的？③

A. 甲、乙公司之间的抵押合同因未办理登记而不生效

B. 甲、乙公司之间的抵押合同无效

C. 丙公司可撤销甲、乙公司之间的行为

D. 汽车和房屋的所有权依然属于甲公司

---

① ABC ② BCD（原答案为BD） ③ BCD

· 88 ·

刷题表	时 间	题号	一刷	二刷	题号	一刷	二刷	题号	一刷	二刷	题号	一刷	二刷

254. 2023 回忆/任

甲公司欠乙公司 1 亿元货款即将到期,由于担心公司的重要财产被执行,遂和丙公司合谋,将价值 9000 万元的公司资产以 4000 万元的价格转让给丙公司。关于乙公司的救济,下列说法正确的是:①

A. 乙公司有权请求法院撤销甲公司与丙公司之间的买卖合同

B. 乙公司有权请求确认甲公司与丙公司之间的买卖合同无效

C. 如果乙公司起诉撤销甲公司与丙公司之间的买卖合同,应当自撤销事由发生之日起的 1 年内起诉

D. 如果乙公司请求确认甲公司与丙公司之间的买卖合同无效,则不受 3 年诉讼时效的限制

专题十六 保证和定金(债权性担保)

考点60 定金

255. 2010/3/14/单

甲、乙约定:甲将 100 吨汽油卖给乙,合同签订后三天交货,交货后十天内付货款。还约定,合同签订后乙应向甲支付十万元定金,合同在支付定金时生效。合同订立后,乙未交付定金,甲按期向乙交付了货物,乙到期未付款。对此,下列哪一表述是正确的?②

A. 甲可请求乙支付定金

B. 乙未支付定金不影响买卖合同的效力

C. 甲交付汽油使得定金合同生效

D. 甲无权请求乙支付价款

256. 2022 回忆/任

李某有一清代瓷盘,急欲出售。刘某得知魏某想要以 5 万元求购该瓷盘,遂抢先找到李某购买,双方以 1 万元成交,约定 3 日后交付,刘某向李某支付了 5000 元定金。其后,刘某与魏某达成协议,刘某将瓷盘以 5 万元出售给魏某,魏某先行支付了 1 万元定金。3 日后,在交付瓷盘时,李某失手把瓷盘摔坏了。下列选项说法正确的是:③

A. 刘某应向魏某就 1 万的定金双倍返还

B. 李某应向刘某就 5000 元的定金双倍返还

---

① ABD ② B ③ A

C. 李某不需要就刘某支付的定金承担双倍返还的责任
D. 刘某可以请求法院减少双倍赔偿金额

考点61 保证合同的成立及保证方式

257． 2008/3/53/多

甲向乙借款5万元,乙要求甲提供担保,甲分别找到友人丙、丁、戊、己,他们各自作出以下表示,其中哪些构成保证?①
A. 丙在甲向乙出具的借据上签署"保证人丙"
B. 丁向乙出具字据称"如甲到期不向乙还款,本人愿代还3万元"
C. 戊向乙出具字据称"如甲到期不向乙还款,由本人负责"
D. 己向乙出具字据称"如甲到期不向乙还款,由本人以某处私房抵债"

258． 2011/3/11/单

甲乙双方拟订的借款合同约定:甲向乙借款11万元,借款期限为1年。乙在签字之前,要求甲为借款合同提供担保。丙应甲要求同意担保,并在借款合同保证人一栏签字,保证期间为1年。甲将有担保签字的借款合同交给乙。乙要求从11万元中预先扣除1万元利息,同时将借款期限和保证期间均延长为2年。甲应允,双方签字,乙依约将10万元交付给甲。下列哪一表述是正确的?②
A. 丙的保证期间为1年
B. 丙无须承担保证责任
C. 丙应承担连带保证责任
D. 丙应对10万元本息承担保证责任

259． 2011/3/59/多

甲公司与乙公司签订10万元建材买卖合同后,乙交付建材,甲公司未付建材款。甲公司将该建材用于丙公司办公楼装修,丙公司需向甲公司支付15万元装修款,其中5万元已经支付完毕。丙公司给乙公司出具《担保函》:"本公司同意以欠甲公司的10万元装修款担保甲公司欠乙公司的10万元建材款。"乙公司对此并无异议。后,甲公司对乙公司的债务、丙公司对甲公司的债务均届期未偿,且甲公司怠于向丙公司主张债权。下列哪些表述是正确的?③
A. 乙公司对丙公司享有应收账款质权
B. 丙公司应对乙公司承担保证责任

---
① ABC ② B ③ BC

C. 乙公司可以对丙公司提起代位权诉讼
D. 乙公司可以要求并存债务承担人丙公司清偿债务

260. (2014/3/15/单)

张某从甲银行分支机构乙支行借款20万元,李某提供保证担保。李某和甲银行又特别约定,如保证人不履行保证责任,债权人有权直接从保证人在甲银行及其支行处开立的任何账户内扣收。届期,张某、李某均未还款,甲银行直接从李某在甲银行下属的丙支行账户内扣划了18万元存款用于偿还张某的借款。下列哪一表述是正确的?①

A. 李某与甲银行关于直接在账户内扣划款项的约定无效
B. 李某无须承担保证责任
C. 乙支行收回20万元全部借款本金和利息之前,李某不得向张某追偿
D. 乙支行应以自己的名义向张某行使追索权

261. (2015/3/13/单)

方某、李某、刘某和张某签订借款合同,约定:"方某向李某借款100万元,刘某提供房屋抵押,张某提供保证。"除李某外其他人都签了字。刘某先把房本交给了李某,承诺过几天再作抵押登记。李某交付100万元后,方某到期未还款。下列哪一选项是正确的?②

A. 借款合同不成立
B. 方某应返还不当得利
C. 张某应承担保证责任
D. 刘某无义务办理房屋抵押登记

262. (2015/3/57/多)

根据甲公司的下列哪些《承诺(保证)函》,如乙公司未履行义务,甲公司应承担保证责任?③

A. 承诺:"积极督促乙公司还款,努力将丙公司的损失降到最低"
B. 承诺:"乙公司向丙公司还款,如甲公司无力还款,甲公司愿代为清偿"
C. 保证:"乙公司实际投资与注册资金相符"。实际上乙公司实际投资与注册资金不符
D. 承诺:"指定乙公司与丙公司签订保证合同"。乙公司签订了保证合同但拒不承担保证责任

---

① D ② C ③ BC

263. 2022回忆/单

甲公司向乙公司借款,丁公司在不超过2200万元的范围内对该借款承担担保责任。在约定期限内,甲公司一共向乙公司借款2015万元。核算完毕后,乙公司表示,免去其中的零头15万元,甲公司未作任何表示。经查,甲公司将借款中的500万元送给了丙公司,用来资助丙公司的项目运营,但未通知丁公司。下列哪一项说法是正确的?①

A. 丁公司对2015万元承担保证责任
B. 丁公司对2000万元承担保证责任
C. 丁公司对1500万元承担保证责任
D. 甲公司将500万元送给丙公司未经过丁公司的同意,无效

考点62 保证人及其权利

264. 2011/3/54/多

甲公司从乙公司采购10袋菊花茶,约定:"在乙公司交付菊花茶后,甲公司应付货款10万元。"丙公司提供担保函:"若甲公司不依约付款,则由丙公司代为支付。"乙公司交付的菊花茶中有2袋经过硫磺熏蒸,无法饮用,价值2万元。乙公司要求甲公司付款未果,便要求丙公司付款10万元。下列哪些表述是正确的?②

A. 如丙公司知情并向乙公司付款10万元,则丙公司只能向甲公司追偿8万元
B. 如丙公司不知情并向乙公司付款10万元,则乙公司会构成不当得利
C. 如甲公司付款债务诉讼时效已过,丙公司仍向乙公司付款8万元,则丙公司不得向甲公司追偿
D. 如丙公司放弃对乙公司享有的先诉抗辩权,仍向乙公司付款8万元,则丙公司不得向甲公司追偿

考点63 共同保证

265. 2012/3/55/多

甲公司向乙银行借款100万元,丙、丁以各自房产分别向乙银行设定抵押,戊、己分别向乙银行出具承担全部责任的担保函,承担保证责任。下列哪些表述是正确的?③

---

① B ② ABC ③ AC(原答案为ABC)

A. 乙银行可以就丙或者丁的房产行使抵押权
B. 丙承担担保责任后,可向甲公司追偿,也可要求丁清偿其应承担的份额
C. 乙银行可以要求戊或者己承担全部保证责任
D. 戊承担保证责任后,可向甲公司追偿,也可要求己清偿其应承担的份额

266. 2019 回忆/多

甲向乙借款 1000 万元,丙在借款合同中的保证栏签字,但没有约定保证方式,丁以自有的房屋对甲的借款向乙进行了抵押。下列说法正确的是。①

A. 丙承担责任后可以向甲追偿
B. 丙以一般保证承担保证责任
C. 丁承担责任后可以向甲追偿
D. 丁承担责任后可以向丙追偿

考点64 保证期间与保证债务的诉讼时效

267. 2013/3/88/任

材料①:2012 年 2 月,甲公司与其全资子公司乙公司签订了《协议一》,约定甲公司将其建设用地使用权用于抵偿其欠乙公司的 2000 万元债务,并约定了仲裁条款。但甲公司未依约将该用地使用权过户到乙公司名下,而是将之抵押给不知情的银行以获贷款,办理了抵押登记。

材料②:同年 4 月,甲公司、丙公司与丁公司签订了《协议二》,约定甲公司欠丁公司的 5000 万元债务由丙公司承担,且甲公司法定代表人张某为该笔债务提供保证,但未约定保证方式和期间。曾为该 5000 万元负债提供房产抵押担保的李某对《协议二》并不知情。同年 5 月,丁公司债权到期。

材料③:同年 6 月,丙公司丧失偿债能力。丁公司查知乙公司作为丙公司的股东(非发起人),对丙公司出资不实,尚有 3000 万元未注入丙公司。同年 8 月,乙公司既不承担出资不实的赔偿责任,又急于向甲公司主张权利。

材料④:同年 10 月,甲公司股东戊公司与己公司签订了《协议三》,约定戊公司将其对甲公司享有的 60%股权低价转让给己公司,戊公司承担甲公司此前的所有负债。

---

① ABC

关于《协议二》中张某的保证期间和保证债务诉讼时效,下列表述正确的是:①

A. 保证期间为 2012 年 5 月起 6 个月
B. 保证期间为 2012 年 5 月起 2 年
C. 保证债务诉讼时效从 2012 年 5 月起算
D. 保证债务诉讼时效从 2012 年 11 月起算

268. 2014/3/10/单 新法改编

甲公司与乙公司达成还款计划书,约定在 2012 年 7 月 30 日归还 100 万元,8 月 30 日归还 200 万元,9 月 30 日归还 300 万元。丙公司对三笔还款提供连带责任保证,但未约定保证期间。后甲公司同意乙公司将三笔还款均顺延 3 个月,丙公司对此不知情。乙公司一直未还款,甲公司仅于 2013 年 3 月 15 日起诉要求丙公司承担保证责任。关于丙公司保证责任,下列哪一表述是正确的?②

A. 丙公司保证担保的主债权为 300 万元
B. 丙公司保证担保的主债权为 500 万元
C. 丙公司保证担保的主债权为 600 万元
D. 因延长还款期限未经保证人同意,丙公司不再承担保证责任

专题十七 合同的变更、转让和权利义务终止

考点65 合同的变更

269. 2014/3/90/任

张某、方某共同出资,分别设立甲公司和丙公司。2013 年 3 月 1 日,甲公司与乙公司签订了开发某房地产项目的《合作协议一》,约定如下:"甲公司将丙公司 10%的股权转让给乙公司,乙公司在协议签订之日起三日内向甲公司支付首付款 4000 万元,尾款 1000 万元在次年 3 月 1 日之前付清。首付款用于支付丙公司从某国土部门购买 A 地块土地使用权。如协议签订之日起三个月内丙公司未能获得 A 地块土地使用权致双方合作失败,乙公司有权终止协议。"

《合作协议一》签订后,乙公司经甲公司指示向张某、方某支付了 4000 万

---

① A ② A

| 刷题表 | 时 间 | 题号 | 一刷 | 二刷 | 题号 | 一刷 | 二刷 | 题号 | 一刷 | 二刷 | 题号 | 一刷 | 二刷 |

元首付款。张某、方某配合甲公司将丙公司的10%的股权过户给了乙公司。

2013年5月1日,因张某、方某未将前述4000万元支付给丙公司致其未能向某国土部门及时付款,A地块土地使用权被收回挂牌卖掉。

2013年6月4日,乙公司向甲公司发函:"鉴于土地使用权已被国土部门收回,故我公司终止协议,请贵公司返还4000万元。"甲公司当即回函:"我公司已把股权过户到贵公司名下,贵公司无权终止协议,请贵公司依约支付1000万元尾款。"

2013年6月8日,张某、方某与乙公司签订了《合作协议二》,对继续合作开发房地产项目做了新的安排,并约定:"本协议签订之日,《合作协议一》自动作废。"丁公司经甲公司指示,向乙公司送达了《承诺函》:"本公司代替甲公司承担4000万元的返还义务。"乙公司对此未置可否。

关于张某、方某与乙公司签订的《合作协议二》,下列表述正确的是:①
A. 有效
B. 无效
C. 可变更
D. 《合作协议一》被《合作协议二》取代

考点66 合同权利的概括转移

270. 2009/3/3/单
甲公司分立为乙丙两公司,约定由乙公司承担甲公司全部债务的清偿责任,丙公司继受甲公司全部债权。关于该协议的效力,下列哪一选项是正确的?②
A. 该协议仅对乙丙两公司具有约束力,对甲公司的债权人并非当然有效
B. 该协议无效,应当由乙丙两公司对甲公司的债务承担连带清偿责任
C. 该协议有效,甲公司的债权人只能请求乙公司对甲公司的债务承担清偿责任
D. 该协议效力待定,应当由甲公司的债权人选择分立后的公司清偿债务

271. 2013/3/59/多
债的法定移转指依法使债权债务由原债权债务人转移给新的债权债务人。下列哪些选项属于债的法定移转的情形?③
A. 保险人对第三人的代位求偿权

① A ② A ③ ABCD

B. 企业发生合并或者分立时对原债权债务的承担
C. 继承人在继承遗产范围内对被继承人生前债务的清偿
D. 根据买卖不破租赁规则,租赁物的受让人对原租赁合同的承受

考点67 债权转让与债务承担

272. 2010/3/57/多

甲向乙借款300万元于2008年12月30日到期,丁提供保证担保,丁仅对乙承担保证责任。后乙从甲处购买价值50万元的货物,双方约定2009年1月1日付款。2008年10月1日,乙将债权让与丙,并于同月15日通知甲,但未告知丁。对此,下列哪些选项是正确的?①

A. 2008年10月1日债权让与在乙丙之间生效
B. 2008年10月15日债权让与对甲生效
C. 2008年10月15日甲可向丙主张抵销50万元
D. 2008年10月15日后丁的保证债务继续有效

273. 2011/3/12/单

甲公司对乙公司享有10万元债权,乙公司对丙公司享有20万元债权。甲公司将其债权转让给丁公司并通知了乙公司,丙公司未经乙公司同意,将其债务转移给戊公司。如丁公司对戊公司提起代位权诉讼,戊公司下列哪一抗辩理由能够成立?②

A. 甲公司转让债权未获乙公司同意
B. 丙公司转移债务未经乙公司同意
C. 乙公司已经要求戊公司偿还债务
D. 乙公司、丙公司之间的债务纠纷有仲裁条款约束

274. 2012/3/13/单

甲将其对乙享有的10万元货款债权转让给丙,丙再转让给丁,乙均不知情。乙将债务转让给戊,得到了甲的同意。丁要求乙履行债务,乙以其不知情为由抗辩。下列哪一表述是正确的?③

A. 甲将债权转让给丙的行为无效
B. 丙将债权转让给丁的行为无效
C. 乙将债务转让给戊的行为无效
D. 如乙清偿10万元债务,则享有对戊的求偿权

---
① AB ② B ③ D

275. 2012/3/88/任

甲公司将1台挖掘机出租给乙公司,为担保乙公司依约支付租金,丙公司担任保证人,丁公司以机器设备设置抵押。乙公司欠付10万元租金时,经甲公司、丙公司和丁公司口头同意,将6万元租金债务转让给戊公司。之后,乙公司为现金周转将挖掘机分别以45万元和50万元的价格先后出卖给丙公司和丁公司,丙公司和丁公司均已付款,但乙公司没有依约交付挖掘机。

因乙公司一直未向甲公司支付租金,甲公司便将挖掘机以48万元的价格出卖给王某,约定由乙公司直接将挖掘机交付给王某,王某首期付款20万元,尾款28万元待收到挖掘机后支付。此事,甲公司通知了乙公司。

王某未及取得挖掘机便死亡。王某临终立遗嘱,其遗产由其子大王和小王继承,遗嘱还指定小王为遗嘱执行人。因大王一直在外地工作,同意王某遗产由小王保管,没有进行遗产分割。在此期间,小王将挖掘机出卖给方某,没有征得大王的同意。

在乙公司将6万元租金债务转让给戊公司之后,关于丙公司和丁公司的担保责任,下列表述正确的是:①

A. 丙公司仅需对乙公司剩余租金债务承担担保责任
B. 丁公司仅需对乙公司剩余租金债务承担担保责任
C. 丙公司仍应承担全部担保责任
D. 丁公司仍应承担全部担保责任

276. 2013/3/5/单

甲公司与乙银行签订借款合同,约定借款期限自2010年3月25日起至2011年3月24日止。乙银行未向甲公司主张过债权,直至2013年4月15日,乙银行将该笔债权转让给丙公司并通知了甲公司。2013年5月16日,丁公司通过公开竞拍购买并接管了甲公司。下列哪一选项是正确的?②

A. 因乙银行转让债权通知了甲公司,故甲公司不得对丙公司主张诉讼时效的抗辩
B. 甲公司债务的诉讼时效从2013年4月15日起中断
C. 丁公司债务的诉讼时效从2013年5月16日起中断
D. 丁公司有权向丙公司主张诉讼时效的抗辩

---

① AB ② D

277． 材料①：2012年2月，甲公司与其全资子公司乙公司签订了《协议一》，约定甲公司将其建设用地使用权用于抵偿其欠乙公司的2000万元债务，并约定了仲裁条款。但甲公司未依约将该用地使用权过户到乙公司名下，而是将之抵押给不知情的银行以获贷款，办理了抵押登记。

材料②：同年4月，甲公司、丙公司与丁公司签订了《协议二》，约定甲公司欠丁公司的5000万元债务由丙公司承担，且甲公司法定代表人张某为该笔债务提供保证，但未约定保证方式和期间。曾为该5000万元负债提供房产抵押担保的李某对《协议二》并不知情。同年5月，丁公司债权到期。

材料③：同年6月，丙公司丧失偿债能力。丁公司查知乙公司作为丙公司的股东（非发起人），对丙公司出资不实，尚有3000万元未注入丙公司。同年8月，乙公司既不承担出资不实的赔偿责任，又怠于向甲公司主张权利。

材料④：同年10月，甲公司股东戊公司与己公司签订了《协议三》，约定戊公司将其对甲公司享有的60%股权低价转让给己公司，戊公司承担甲公司此前的所有负债。请回答第（1）、（2）题。

（1）`2013/3/87/任`

根据材料②，如丁公司主张债权，下列表述正确的是：①

A．丁公司有权向张某主张
B．丁公司有权向李某主张
C．丁公司有权向甲公司主张
D．丁公司有权向丙公司主张

（2）`2013/3/91/任`

根据材料④，关于《协议三》中债务承担的法律效力，下列表述正确的是：②

A．如未通知甲公司债权人，对甲公司债权人不发生效力
B．如未经甲公司债权人同意，对甲公司债权人不发生效力
C．因戊公司、己公司恶意串通而无效
D．对戊公司、己公司有效

278． `2014/3/91/任`

张某、方某共同出资，分别设立甲公司和丙公司。2013年3月1日，甲公司与乙公司签订了开发某房地产项目的《合作协议一》，约定如下：

① AD　② BD

"甲公司将丙公司10%的股权转让给乙公司,乙公司在协议签订之日起三日内向甲公司支付首付款4000万元,尾款1000万元在次年3月1日之前付清。首付款用于支付丙公司从某国土部门购买A地块土地使用权。如协议签订之日起三个月内丙公司未能获得A地块土地使用权致双方合作失败,乙公司有权终止协议。"

《合作协议一》签订后,乙公司经甲公司指示向张某、方某支付了4000万元首付款。张某、方某配合甲公司将丙公司的10%的股权过户了乙公司。

2013年5月1日,因张某、方某未将前述4000万元支付给丙公司致其未能向某国土部门及时付款,A地块土地使用权被收回挂牌卖掉。

2013年6月4日,乙公司向甲公司发函:"鉴于土地使用权已被国土部门收回,故我公司终止协议,请贵公司返还4000万元。"甲公司立即回函:"我公司已把股权过户到贵公司名下,贵公司无权终止协议,请贵公司依约支付1000万元尾款。"

2013年6月8日,张某、方某与乙公司签订了《合作协议二》,对继续合作开发房地产项目做了新的安排,并约定:"本协议签订之日,《合作协议一》自动作废。"丁公司经甲公司指示,向乙公司送达了《承诺函》:"本公司代替甲公司承担4000万元的返还义务。"乙公司对此未置可否。

关于丁公司的《承诺函》,下列表述正确的是:①

A. 构成单方允诺　　B. 构成保证
C. 构成并存的债务承担　　D. 构成免责的债务承担

279. 2015/3/12/单

甲、乙两公司签订协议,约定甲公司向乙公司采购面包券。双方交割完毕,面包券上载明"不记名、不挂失、凭券提货"。甲公司将面包券转让给张某,后张某因未付款等原因被判处合同诈骗罪。面包券全部流入市场。关于协议和面包券的法律性质,下列哪一表述是正确的?②

A. 面包券是一种物权凭证
B. 甲公司有权解除与乙公司的协议
C. 如甲公司通知乙公司停止兑付面包券,乙公司应停止兑付
D. 如某顾客以合理价格从张某处受让面包券,该顾客有权请求乙公司兑付

---

① AC　② D

280. 2015/3/88/任

甲公司、乙公司签订的《合作开发协议》约定,合作开发的 A 区房屋归甲公司、B 区房屋归乙公司。乙公司与丙公司签订《委托书》,委托丙公司对外销售房屋。《委托书》中委托人签字盖章处有乙公司盖章和法定代表人王某签字,王某同时也是甲公司法定代表人。张某查看《合作开发协议》和《委托书》后,与丙公司签订《房屋预订合同》,约定:"张某向丙公司预付房款30 万元,购买 A 区房屋一套。待取得房屋预售许可证后,双方签订正式合同。"丙公司将房款用于项目投资,全部亏损。后王某向张某出具《承诺函》:如张某不闹事,将协调甲公司卖房给张某。但甲公司取得房屋预售许可后,将A 区房屋全部卖与他人。张某要求甲公司、乙公司和丙公司退回房款。张某与李某签订《债权转让协议》,将该债权转让给李某,通知了甲、乙、丙三公司。因李某未按时支付债权转让款,张某又将债权转让给方某,也通知了甲、乙、丙三公司。

关于 30 万元预付房款,下列表述正确的是:①

A. 由丙公司退给李某

B. 由乙公司和丙公司退给李某

C. 由丙公司退给方某

D. 由乙公司和丙公司退给方某

281. 2017/3/9/单

甲经乙公司股东丙介绍购买乙公司矿粉,甲依约预付了 100 万元货款,乙公司仅交付部分矿粉,经结算欠甲 50 万元货款。乙公司与丙商议,由乙公司和丙以欠款人的身份向甲出具欠条。其后,乙公司未按期支付。关于丙在欠条上签名的行为,下列哪一选项是正确的?②

A. 构成第三人代为清偿　　B. 构成免责的债务承担

C. 构成并存的债务承担　　D. 构成无因管理

考点68 合同的消灭:合同解除

282. 2009/3/11/单

关于合同解除的表述,下列哪一选项是正确的?③

A. 赠与合同的赠与人享有任意解除权

B. 承揽合同的承揽人享有任意解除权

---

① A　② C　③ C

C. 没有约定保管期间保管合同的保管人享有任意解除权

D. 中介合同的中介人享有任意解除权

283. (2011/3/13/单)

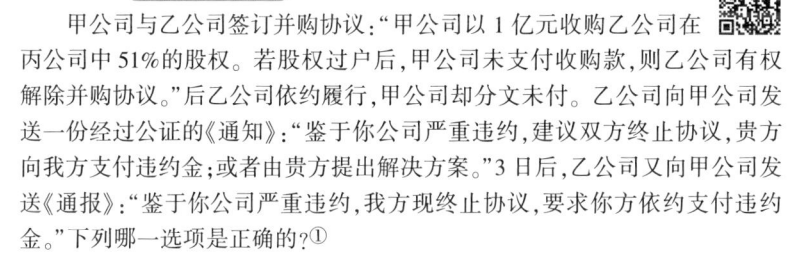

甲公司与乙公司签订并购协议:"甲公司以1亿元收购乙公司在丙公司中51%的股权。若股权过户后,甲公司未支付收购款,则乙公司有权解除并购协议。"后乙公司依约履行,甲公司却分文未付。乙公司向甲公司发送一份经过公证的《通知》:"鉴于你公司严重违约,建议双方终止协议,贵方向我方支付违约金;或者由贵方提出解决方案。"3日后,乙公司又向甲公司发送《通报》:"鉴于你公司严重违约,我方现终止协议,要求你方依约支付违约金。"下列哪一选项是正确的?①

A.《通知》送达后,并购协议解除

B.《通报》送达后,并购协议解除

C. 甲公司对乙公司解除并购协议的权利不得提出异议

D. 乙公司不能既要求终止协议,又要求甲公司支付违约金

284. 张某、方某共同出资,分别设立甲公司和丙公司。2013年3月1日,甲公司与乙公司签订了开发某房地产项目的《合作协议一》,约定如下:"甲公司将丙公司10%的股权转让给乙公司,乙公司在协议签订之日起三日内向甲公司支付首付款4000万元,尾款1000万元在次年3月1日之前付清。首付款用于支付丙公司从某国土部门购买A地块土地使用权。如协议签订之日起三个月内丙公司未能获得A地块土地使用权致双方合作失败,乙公司有权终止协议。"

《合作协议一》签订后,乙公司经甲公司指示向张某、方某支付了4000万元首付款。张某、方某配合甲公司将丙公司的10%的股权过户给了乙公司。

2013年5月1日,因张某、方某未将前述4000万元支付给丙公司致其未能向某国土部门及时付款,A地块土地使用权被收回挂牌卖掉。

2013年6月4日,乙公司向甲公司发函:"鉴于土地使用权已被国土部门收回,故我公司终止协议,请贵公司返还4000万元。"甲公司当即回函:"我公司已把股权过户到贵公司名下,贵公司无权终止协议,请贵公司依约支付1000万元尾款。"

2013年6月8日,张某、方某与乙公司签订了《合作协议二》,对继续合作开发房地产项目做了新的安排,并约定:"本协议签订之日,《合作协议一》自

① B

动作废。"丁公司经甲公司指示,向乙公司送达了《承诺函》:"本公司代替甲公司承担4000万元的返还义务。"乙公司对此未置可否。请回答第(1)、(2)题。

(1) 2014/3/87/任

关于2013年6月4日乙公司向甲公司发函,下列表述正确的是:①

A. 行使的是约定解除权　　B. 行使的是法定解除权
C. 有权要求返还4000万元　D. 无权要求返还4000万元

(2) 2014/3/89/任

关于甲公司的回函,下列表述正确的是:②

A. 甲公司对乙公司解除合同提出了异议
B. 甲公司对乙公司提出的异议理由成立
C. 乙公司不向甲公司支付尾款构成违约
D. 乙公司可向甲公司主张不安抗辩权拒不向甲公司支付尾款

考点69 合同的消灭:其他方式

285. 2012/3/14/单

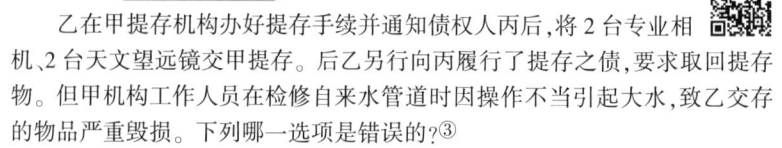

乙在甲提存机构办好提存手续并通知债权人丙后,将2台专业相机、2台天文望远镜交甲提存。后乙另行向丙履行了提存之债,要求取回提存物。但甲机构工作人员在检修自来水管道时因操作不当引起大水,致乙交存的物品严重毁损。下列哪一选项是错误的?③

A. 甲机构构成违约行为
B. 甲机构应承担赔偿责任
C. 乙有权主张赔偿财产损失
D. 丙有权主张赔偿财产损失

专题十八　违约责任

考点70 违约责任的构成与免责

286. 2009/3/57/多

孙女士于2004年5月1日从某商场购买一套化妆品,使用后皮肤红肿出疹,就医不愈花费巨大。2005年4月,孙女士多次交涉无果将商场

① AC　② A　③ D

诉至法院。下列哪些说法是正确的？①

A. 孙女士可以要求商场承担违约责任
B. 孙女士可以要求商场承担侵权责任
C. 孙女士可以要求商场承担缔约过失责任
D. 孙女士可以要求撤销合同

287. 2015/3/58/多

赵某从商店购买了一台甲公司生产的家用洗衣机，洗涤衣物时，该洗衣机因技术缺陷发生爆裂，叶轮飞出造成赵某严重人身损害并毁坏衣物。赵某的下列哪些诉求是正确的？②

A. 商店应承担更换洗衣机或退货、赔偿衣物损失和赔偿人身损害的违约责任
B. 商店应按违约责任更换洗衣机或者退货，也可请求甲公司按侵权责任赔偿衣物损失和人身损害
C. 商店或者甲公司应赔偿因洗衣机缺陷造成的损害
D. 商店或者甲公司应赔偿物质损害和精神损害

288. 2021回忆/多

张大爷有一养育多年的宠物狗，感情颇深。因为搬家，张大爷与甲公司订立了宠物托运合同，甲公司又与乙快递公司订立了运输合同。乙快递公司员工朱某为了节省成本擅自改变了运输方式导致宠物狗死亡，张大爷因伤心过度致心脏病复发住院一周。关于张大爷可采取的救济方式，下列哪些说法是正确的？③

A. 要求甲公司承担违约责任
B. 要求乙公司承担违约责任
C. 要求朱某承担赔偿责任
D. 请求违约赔偿，也可以一并主张精神损害赔偿

289. 2023回忆/单

甲因参加某自行车比赛，在乙处购买自行车，约定由乙运输。乙在运输途中遭遇山洪暴发，道路完全阻断，抢修数日后才通行。乙运输到目的地时，自行车比赛已经结束。对此，下列哪一说法是正确的？④

A. 甲有权以合同目的无法实现为由解除合同

---
① AB ② ABCD ③ AD ④ A

B. 乙应承担迟延履行的违约责任
C. 不可抗力是乙应承担的商业风险
D. 乙无权因不可抗力主张免除违约责任

考点71 违约责任的形式

290. 甲公司与乙公司签订了一份手机买卖合同,约定:甲公司供给乙公司某型号手机1000部,每部单价1000元,乙公司支付定金30万元,任何一方违约应向对方支付合同总价款30%的违约金。合同签订后,乙公司向甲公司支付了30万元定金,并将该批手机转售给丙公司,每部单价1100元,指明由甲公司直接交付给丙公司。但甲公司未按约定期间交货。请回答(1)~(3)题。

(1) 2010/3/91/任
关于返还定金和支付违约金,乙公司向甲公司提出请求,下列表述正确的是:①
A. 请求甲公司双倍返还定金60万元并支付违约金30万元
B. 请求甲公司双倍返还定金40万元并支付违约金30万元
C. 请求甲公司双倍返还定金60万元或者支付违约金30万元
D. 请求甲公司双倍返还定金40万元或者支付违约金30万元

(2) 2010/3/92/任
关于甲公司违约时继续履行债务,下列表述错误的是:②
A. 乙公司在请求甲公司支付违约金以后,就不能请求其继续履行债务
B. 乙公司在请求甲公司支付违约金的同时,还可请求其继续履行债务
C. 乙公司在请求甲公司继续履行债务以后,就不能请求其支付违约金
D. 乙公司可选择请求甲公司支付违约金,或请求其继续履行债务

(3) 2010/3/93/任
关于甲、乙、丙公司间违约责任的承担,下列表述正确的是:③
A. 如乙公司未向丙公司承担违约责任,则丙公司有权请求甲公司向自己承担违约责任
B. 如乙公司未向丙公司承担违约责任,则丙公司无权请求甲公司向自己承担违约责任
C. 如甲公司迟延向丙公司交货,则丙公司有权请求乙公司承担迟延交货

① D ② AC ③ BC

的违约责任

D. 如甲公司迟延向丙公司交货,则丙公司无权请求乙公司承担迟延交货的违约责任

291. （2012/3/1/单）

张某从银行贷得80万元用于购买房屋,并以该房屋设定了抵押。在借款期间房屋被洪水冲毁。张某尽管生活艰难,仍想方设法还清了银行贷款。对此,周围多有议论。根据社会主义法治理念和民法有关规定,下列哪一观点可以成立?①

A. 甲认为,房屋被洪水冲毁属于不可抗力,张某无须履行还款义务。坚持还贷是多此一举

B. 乙认为,张某已不具备还贷能力,无须履行还款义务。坚持还贷是为难自己

C. 丙认为,张某对房屋的毁损没有过错,且此情况不止一家,银行应将贷款作坏账处理。坚持还贷是一厢情愿

D. 丁认为,张某与银行的贷款合同并未因房屋被冲毁而消灭。坚持还贷是严守合约、诚实信用

292. （2013/3/14/单）

甲乙签订一份买卖合同,约定违约方应向对方支付18万元违约金。后甲违约,给乙造成损失15万元。下列哪一表述是正确的?②

A. 甲应向乙支付违约金18万元,不再支付其他费用或者赔偿损失

B. 甲应向乙赔偿损失15万元,不再支付其他费用或者赔偿损失

C. 甲应向乙赔偿损失15万元并支付违约金18万元,共计33万元

D. 甲应向乙赔偿损失15万元及其利息

293. （2017/3/13/单）

甲、乙两公司约定:甲公司向乙公司支付5万元研发费用,乙公司完成某专用设备的研发生产后双方订立买卖合同,将该设备出售给甲公司,价格暂定为100万元,具体条款另行商定。乙公司完成研发生产后,却将该设备以120万元卖给丙公司,甲公司得知后提出异议。下列哪一选项是正确的?③

A. 甲、乙两公司之间的协议系承揽合同

---

① D ② A ③ D

B. 甲、乙两公司之间的协议系附条件的买卖合同
C. 乙、丙两公司之间的买卖合同无效
D. 甲公司可请求乙公司承担违约责任

294. 2023回忆/多

王某在李某的手机店内购买一部新手机,使用一个月后出现故障,遂去张某的维修店维修,发现该手机在购买前有使用记录,属于翻新机。对此,王某的下列哪些做法是正确的?①

A. 请求李某返还部分手机款
B. 解除手机买卖合同
C. 基于显失公平撤销手机买卖合同
D. 基于欺诈撤销手机买卖合同

专题十九 转移财产权利合同

考点72 买卖合同的成立与风险负担

295. 2013/3/61/多

甲乙约定卖方甲负责将所卖货物运送至买方乙指定的仓库。甲如约交货,乙验收收货,但甲未将产品合格证和原产地证明文件交给乙。乙已经支付80%的货款。交货当晚,因山洪暴发,乙仓库内的货物全部毁损。下列哪些表述是正确的?②

A. 乙应当支付剩余20%的货款
B. 甲未交付产品合格证与原产地证明,构成违约,但货物损失由乙承担
C. 乙有权要求解除合同,并要求甲返还已支付的80%货款
D. 甲有权要求乙支付剩余的20%货款,但应补交已经毁损的货物

296. 2016/3/57/多

甲公司借用乙公司的一套设备,在使用过程中不慎损坏一关键部件,于是甲公司提出买下该套设备,乙公司同意出售。双方还口头约定在甲公司支付价款前,乙公司保留该套设备的所有权。不料在支付价款前,甲公司生产车间失火,造成包括该套设备在内的车间所有财物被烧毁。对此,下列哪些选项是正确的?③

---

① ABD ② AB ③ AC

A. 乙公司已经履行了交付义务,风险责任应由甲公司负担
B. 在设备被烧毁时,所有权属于乙公司,风险责任应由乙公司承担
C. 设备虽然已经被烧毁,但甲公司仍然需要支付原定价款
D. 双方关于该套设备所有权保留的约定应采用书面形式

297. 2018 回忆/多

乙有一台高配电脑 A,由于使用不习惯,决定转让。甲知晓后,出于工作需要,表示愿意出原价购买,乙同意,但表示必须在甲付款后才能交付电脑。甲依约向乙支付了约定的价款,但乙在交付时却将另一台低配的电脑 B 交付给了甲。甲使用时发现,根本无法处理工作中需要的大型软件,检查后发现乙交付的电脑有问题。三天后,甲家突然意外失火,导致电脑被焚毁。关于电脑的损失承担,下列说法正确的是:①

A. 甲通知乙要求解除合同后,电脑损失的风险由乙承担
B. 甲通知乙要求解除合同前,电脑损失的风险由乙承担
C. 甲通知乙要求解除合同前,电脑损失的风险由甲承担
D. 甲通知乙要求解除合同后,电脑损失的风险由甲承担

考点 73 一物多卖

298. 2013/3/11/单

甲有件玉器,欲转让,与乙签订合同,约好 10 日后交货付款;第二天,丙见该玉器,愿以更高的价格购买,甲遂与丙签订合同,丙当即支付了 80% 的价款,约好 3 天后交货;第三天,甲又与丁订立合同,将该玉器卖给丁,并当场交付,但丁仅支付了 30% 的价款。后乙、丙均要求甲履行合同,诉至法院。下列哪一表述是正确的?②

A. 应认定丁取得了玉器的所有权
B. 应支持丙要求甲交付玉器的请求
C. 应支持乙要求甲交付玉器的请求
D. 第一份合同有效,第二、三份合同均无效

299. 2016/3/12/单

甲为出售一台挖掘机分别与乙、丙、丁、戊签订买卖合同,具体情形如下:2016 年 3 月 1 日,甲胁迫乙订立合同,约定货到付款;4 月 1 日,甲与丙签订合同,丙支付 20% 的货款;5 月 1 日,甲与丁签订合同,丁支付全部货

---
① AC ② A

款;6月1日,甲与戊签订合同,甲将挖掘机交付给戊。上述买受人均要求实际履行合同,就履行顺序产生争议。关于履行顺序,下列哪一选项是正确的?①

A. 戊、丙、丁、乙
B. 戊、丁、丙、乙
C. 乙、丁、丙、戊
D. 丁、戊、乙、丙

考点 74 特种买卖合同

300． 2009/3/59/多

曾某购买某汽车销售公司的轿车一辆,总价款20万元,约定分10次付清,每次两万元,每月的第一天支付。曾某按期支付六次共计12万元后,因该款汽车大幅降价,曾某遂停止付款,经催告后,依然不履行。下列哪些表述是正确的?②

A. 汽车销售公司有权要求曾某一次性付清余下的8万元价款
B. 汽车销售公司有权通知曾某解除合同
C. 汽车销售公司有权收回汽车,并且收取曾某汽车使用费
D. 汽车销售公司有权收回汽车,但不退还曾某已经支付的12万元价款

301． 2012/3/9/单

甲将其1辆汽车出卖给乙,约定价款30万元。乙先付了20万元,余款在6个月内分期支付。在分期付款期间,甲先将汽车交付给乙,但明确约定付清全款后甲才将汽车的所有权移转给乙。嗣后,甲又将该汽车以20万元的价格卖给不知情的丙,并以指示交付的方式完成交付。下列哪一表述是正确的?③

A. 在乙分期付款期间,汽车已经交付给乙,乙即取得汽车的所有权
B. 在乙分期付款期间,汽车虽然已经交付给乙,但甲保留了汽车的所有权,故乙不能取得汽车的所有权
C. 丙对甲、乙之间的交易不知情,可以依据善意取得制度取得汽车所有权
D. 丙不能依甲的指示交付取得汽车所有权

302． 2016/3/61/多 新法改编

周某以6000元的价格向吴某出售一台电脑,双方约定五个月内付清货款,每月支付1200元,在全部价款付清前电脑所有权不转移。合同生

① A ② ABC ③ B

效后,周某将电脑交给吴某使用。其间,电脑出现故障,吴某将电脑交周某修理,但周某修好后以6200元的价格将该电脑出售并交付给不知情的王某。对此,下列哪些说法是正确的?①

A. 王某可以取得该电脑所有权
B. 在吴某无力支付最后一个月的价款时,经催告后合理期限内不履行的,周某可行使取回权
C. 如吴某未支付到期货款达1800元,经催告后合理期限内不履行的,周某可要求其一次性支付剩余货款
D. 如吴某未支付到期货款达1800元,经催告后合理期限内不履行的,周某可要求解除合同,并要求吴某支付一定的电脑使用费

303. （2018回忆/多）

甲将一套房屋以200万元的价格卖给了乙,双方约定:"全部价款分10次付清,每期20万元,在乙支付完毕价款前,甲保留房屋的所有权。"甲向乙交付了房屋。乙支付第4期价款后,甲为乙办理了过户登记,但乙一直没有支付第5期与第6期价款,经催告后依然不履行。对此,下列说法正确的是:②

A. 房屋所有权人依然是甲
B. 乙已经取得房屋的所有权
C. 甲有权请求乙一次支付剩余的全部价款
D. 甲有权解除房屋买卖合同,并请求乙返还房屋

考点75 商品房买卖合同

304. （2012/3/10/单）

甲公司未取得商铺预售许可证,便与李某签订了《商铺认购书》,约定李某支付认购金即可取得商铺优先认购权,商铺正式认购时甲公司应优先通知李某选购。双方还约定了认购面积和房价,但对楼号、房号未作约定。李某依约支付了认购金。甲公司取得预售许可后,未通知李某前来认购,将商铺售罄。关于《商铺认购书》,下列哪一表述是正确的?③

A. 无效,因甲公司未取得预售许可证即对外销售
B. 不成立,因合同内容不完整
C. 甲公司未履行通知义务,构成根本违约
D. 甲公司须承担继续履行的违约责任

---

① ACD ② BCD ③ C

305. 2016/3/13/单

2013年甲购买乙公司开发的商品房一套,合同约定面积为135平米。2015年交房时,住建部门的测绘报告显示,该房的实际面积为150平米。对此,下列哪一说法是正确的?①

A. 房屋买卖合同存在重大误解,乙公司有权请求予以撤销
B. 甲如在法定期限内起诉请求解除房屋买卖合同,法院应予支持
C. 如双方同意房屋买卖合同继续履行,甲应按实际面积支付房款
D. 如双方同意房屋买卖合同继续履行,甲仍按约定面积支付房款

306. 2017/3/59/多

冯某与丹桂公司订立商品房买卖合同,购买了该公司开发的住宅楼中的一套住房。合同订立后,冯某发现该房屋存在问题,要求解除合同。就冯某提出的解除合同的理由,下列哪些选项是正确的?②

A. 房屋套内建筑面积与合同约定面积误差比绝对值超过5%的
B. 商品房买卖合同订立后,丹桂公司未告知冯某又将该住宅楼整体抵押给第三人的
C. 房屋交付使用后,房屋主体结构质量经核验确属不合格的
D. 房屋存在质量问题,在保修期内丹桂公司拒绝修复的

考点76 供用电、水、气、热力合同

307. 2017/3/55/多

九华公司在未接到任何事先通知的情况下突然被断电,遭受重大经济损失。下列哪些情况下供电公司应承担赔偿责任?③

A. 因供电设施检修中断供电
B. 为保证居民生活用电而拉闸限电
C. 因九华公司违法用电而中断供电
D. 因电线被超高车辆挂断而断电

308. 2014/3/60/多

甲公司与小区业主吴某订立了供热合同。因吴某要出国进修半年,向甲公司申请暂停供热未果,遂拒交上一期供热费。下列哪些表述是正确的?④

---

① B ② ABC ③ ABCD ④ CD

A. 甲公司可以直接解除供热合同
B. 经催告吴某在合理期限内未交费,甲公司可以解除供热合同
C. 经催告吴某在合理期限内未交费,甲公司可以中止供热
D. 甲公司可以要求吴某承担违约责任

考点77 赠与合同

309. 2014/3/4/单

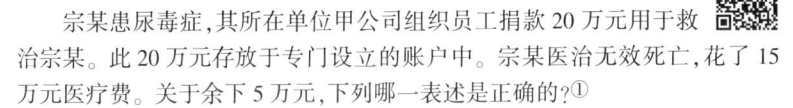

宗某患尿毒症,其所在单位甲公司组织员工捐款20万元用于救治宗某。此20万元存放于专门设立的账户中。宗某医治无效死亡,花了15万元医疗费。关于余下5万元,下列哪一表述是正确的?①

A. 应归甲公司所有
B. 应归宗某继承人所有
C. 应按比例退还员工
D. 应用于同类公益事业

310. 2014/3/61/多

甲公司员工魏某在公司年会抽奖活动中中奖,依据活动规则,公司资助中奖员工子女次年的教育费用,如员工离职,则资助失效。下列哪些表述是正确的?②

A. 甲公司与魏某成立附条件赠与
B. 甲公司与魏某成立附义务赠与
C. 如魏某次年离职,甲公司无给付义务
D. 如魏某次年未离职,甲公司在给付前可撤销资助

311. 2019回忆/单

59岁的甲男与25岁的乙女约定,若乙好好照顾甲,婚后甲就将自己名下的唯一一套住房赠与乙,乙表示同意。婚后,甲如约将房屋过户给了乙,乙对甲冷漠至极,并将甲赶出家门。对此,下列说法正确的是:③

A 甲可向法院主张撤销该婚姻
B. 甲可主张与乙之间的婚姻无效
C. 甲可撤销对于乙的赠与
D. 赠与是真实意思,甲不能撤销

---

① D ② AC ③ C

考点78 借款合同

312. 2015/3/51/多

自然人甲与乙签订了年利率为30%、为期1年的1000万元借款合同。后双方又签订了房屋买卖合同,约定:"甲把房屋卖给乙,房款为甲的借款本息之和。甲须在一年内以该房款分6期回购房屋。如甲不回购,乙有权直接取得房屋所有权。"乙交付借款时,甲出具收到全部房款的收据。后甲未按约定回购房屋,也未把房屋过户给乙。因房屋价格上涨至3000万元,甲主张偿还借款本息。下列哪些选项是正确的?①

A. 甲乙之间是借贷合同关系,不是房屋买卖合同关系
B. 应在不超过银行同期贷款利率的四倍以内承认借款利息
C. 乙不能获得房屋所有权
D. 因甲未按约定偿还借款,应承担违约责任

313. 2017/3/90/任

甲服装公司与乙银行订立合同,约定甲公司向乙银行借款300万元,用于购买进口面料。同时,双方订立抵押合同,约定甲公司以其现有的以及将有的生产设备、原材料、产品为前述借款设立抵押。借款合同和抵押合同订立后,乙银行向甲公司发放了贷款,但未办理抵押登记。之后,根据乙银行要求,丙为此项贷款提供连带责任保证,丁以一台大型挖掘机作质押并交付。

如甲公司违反合同约定将借款用于购买办公用房,则乙银行享有的权利有:②

A. 提前收回借款
B. 解除借款合同
C. 请求甲公司按合同约定支付违约金
D. 对甲公司所购办公用房享有优先受偿权

考点79 租赁合同

314. 2009/3/60/多

甲将自己的一套房屋租给乙住,乙又擅自将房屋租给丙住。丙是个飞镖爱好者,因练飞镖将房屋的墙面损坏。下列哪些选项是正确的?③

A. 甲有权要求解除与乙的租赁合同

---

① ACD(原答案为ABCD) ② ABC ③ ABC

B. 甲有权要求乙赔偿墙面损坏造成的损失

C. 甲有权要求丙搬出房屋

D. 甲有权要求丙支付租金

315. 2011/3/57/多

丁某将其所有的房屋出租给方某,方某将该房屋转租给唐某。下列哪些表述是正确的?①

A. 丁某在租期内基于房屋所有权可以对方某主张返还请求权,方某可以基于其与丁某的合法的租赁关系主张抗辩权

B. 方某未经丁某同意将房屋转租,并已实际交付给唐某租用,则丁某无权请求唐某返还房屋

C. 如丁某与方某的租赁合同约定,方某未经丁某同意将房屋转租,丁某有权解除租赁合同,则在合同解除后,其有权请求唐某返还房屋

D. 如丁某与方某的租赁合同约定,方某未经丁某同意将房屋转租,丁某有权解除租赁合同,则在合同解除后,在丁某向唐某请求返还房屋时,唐某可以基于与方某的租赁关系进行有效的抗辩

316. 2013/3/10/单

甲与乙订立房屋租赁合同,约定租期5年。半年后,甲将该出租房屋出售给丙,但未通知乙。不久,乙以其房屋优先购买权受侵害为由,请求法院判决甲丙之间的房屋买卖合同无效。下列哪一表述是正确的?②

A. 甲出售房屋无须通知乙

B. 丙有权根据善意取得规则取得房屋所有权

C. 甲侵害了乙的优先购买权,但甲丙之间的合同有效

D. 甲出售房屋应当征得乙的同意

317. 2014/3/14/单

孙某与李某签订房屋租赁合同,李某承租后与陈某签订了转租合同,孙某表示同意。但是,孙某在与李某签订租赁合同之前,已经把该房租给了王某并已交付。李某、陈某、王某均要求继续租赁该房屋。下列哪一表述是正确的?③

A. 李某有权要求王某搬离房屋

B. 陈某有权要求王某搬离房屋

---

① AC ② C ③ C

C. 李某有权解除合同,要求孙某承担赔偿责任
D. 陈某有权解除合同,要求孙某承担赔偿责任

318. 2015/3/11/单

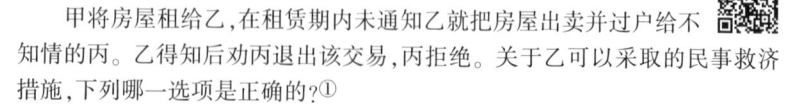

甲将房屋租给乙,在租赁期内未通知乙就把房屋出卖并过户给不知情的丙。乙得知后劝丙退出该交易,丙拒绝。关于乙可以采取的民事救济措施,下列哪一选项是正确的?①

A. 请求解除租赁合同,因甲出卖房屋未通知乙,构成重大违约
B. 请求法院确认买卖合同无效
C. 主张由丙承担侵权责任,因丙侵犯了乙的优先购买权
D. 主张由甲承担赔偿责任,因甲出卖房屋未通知乙而侵犯了乙的优先购买权

319. 2015/3/59/多

甲将其临街房屋和院子出租给乙作为汽车修理场所。经甲同意,乙先后两次自费扩建多间房屋作为烤漆车间。乙在又一次扩建报批过程中发现,甲出租的全部房屋均未经过城市规划部门批准,属于违章建筑。下列哪些选项是正确的?②

A. 租赁合同无效
B. 因甲、乙对于扩建房屋都有过错,应分担扩建房屋的费用
C. 因甲未告知乙租赁物为违章建筑,乙可解除租赁合同
D. 乙可继续履行合同,待违章建筑被有关部门确认并影响租赁物使用时,再向甲主张违约责任

320. 2016/3/60/多

居民甲将房屋出租给乙,乙经甲同意对承租房进行了装修并转租给丙。丙擅自更改房屋承重结构,导致房屋受损。对此,下列哪些选项是正确的?③

A. 无论有无约定,乙均有权于租赁期满时请求甲补偿装修费用
B. 甲可请求丙承担违约责任
C. 甲可请求丙承担侵权责任
D. 甲可请求乙承担违约责任

---

① D ② AB ③ CD

| 刷题表 | 时 间 | 题号 | 一刷 | 二刷 | 题号 | 一刷 | 二刷 | 题号 | 一刷 | 二刷 | 题号 | 一刷 | 二刷 |

321． 2017/3/8/单

甲以某商铺作抵押向乙银行借款,抵押权已登记,借款到期后甲未偿还。甲提前得知乙银行将起诉自己,在乙银行起诉前将该商铺出租给不知情的丙,预收了1年租金。半年后经乙银行请求,该商铺被法院委托拍卖,由丁竞买取得。下列哪一选项是正确的?①

A. 甲与丙之间的租赁合同无效
B. 丁有权请求丙腾退商铺,丙有权要求丁退还剩余租金
C. 丁有权请求丙腾退商铺,丙无权要求丁退还剩余租金
D. 丙有权要求丁继续履行租赁合同

322． 2017/3/60/多

居民甲经主管部门批准修建了一排临时门面房,核准使用期限为2年,甲将其中一间租给乙开餐馆,租期2年。期满后未办理延长使用期限手续,甲又将该房出租给了丙,并签订了1年的租赁合同。因租金问题,发生争议。下列哪些选项是正确的?②

A. 甲与乙的租赁合同无效
B. 甲与丙的租赁合同无效
C. 甲无权将该房继续出租给丙
D. 甲无权向丙收取该年租金

323． 2022回忆/多

甲、乙签订租房合同,甲将一套房屋租给乙。租赁期限内,甲将房屋卖给丙,办理了过户登记。下列哪些说法是正确?③

A. 租赁期限内,乙有权继续承租该房屋
B. 乙可以优先购买权被侵害为由向甲主张赔偿
C. 乙可以优先购买权被侵害为由向丙主张赔偿
D. 租赁期满后,若丙要继续出租房屋,乙在同等条件下享有优先承租权

考点80 融资租赁合同

324． 2016/3/88/任

甲、乙、丙三人签订合伙协议并开始经营,但未取字号,未登记,也未推举负责人。其间,合伙人与顺利融资租赁公司签订融资租赁合同,租赁淀

① C ② BCD ③ ABD

粉加工设备一台,约定租赁期限届满后设备归承租人所有。合同签订后,出租人按照承租人的选择和要求向设备生产商丁公司支付了价款。

如租赁期间因设备自身原因停机,造成承租人损失。下列说法正确的是:①
A. 出租人应减少租金
B. 应由丁公司修理并赔偿损失
C. 承租人向丁公司请求承担责任时,出租人有协助义务
D. 出租人与丁公司承担连带责任

325. 2017/3/61/多

甲融资租赁公司与乙公司签订融资租赁合同,约定乙公司向甲公司转让一套生产设备,转让价为评估机构评估的市场价200万元,再租给乙公司使用2年,乙公司向甲公司支付租金300万元。合同履行过程中,因乙公司拖欠租金,甲公司诉至法院。下列哪些选项是正确的?②
A. 甲公司与乙公司之间为资金拆借关系
B. 甲公司与乙公司之间为融资租赁合同关系
C. 甲公司与乙公司约定的年利率超过24%的部分无效
D. 甲公司已取得生产设备的所有权

专题二十 完成工作交付成果合同

考点81 承揽合同

326. 2014/3/11/单

方某为送汤某生日礼物,特向余某定做一件玉器。订货单上,方某指示余某将玉器交给汤某,并将订货情况告知汤某。玉器制好后,余某委托朱某将玉器交给汤某,朱某不慎将玉器碰坏。下列哪一表述是正确的?③
A. 汤某有权要求余某承担违约责任
B. 汤某有权要求朱某承担侵权责任
C. 方某有权要求朱某承担侵权责任
D. 方某有权要求余某承担违约责任

327. 2022 回忆/任

万某自购名贵布料交给佟某,让佟某为其女友量身定制旗袍。因

---

① BC ② BD ③ D

材质复杂,佟某需要额外购入设备,花费5000元。万某与佟某约定6月15日完工,万某预付了2万元工钱(包含5000元设备购置费)。6月13日,万某跟女友分手,通知佟某停止制作旗袍,此时旗袍已经接近完工。下列说法正确的是:①

A. 万某需承担制作旗袍的大部分费用
B. 万某有权解除合同
C. 所购设备所有权归佟某
D. 未完工旗袍所有权由万某、佟某共有

考点82 建设工程合同

328. 2010/3/59/多

甲公司将一工程发包给乙建筑公司,经甲公司同意,乙公司将部分非主体工程分包给丙建筑公司,丙公司又将其中一部分分包给丁建筑公司。后丁公司因工作失误致使工程不合格,甲公司欲索赔。对此,下列哪些说法是正确的?②

A. 上述工程承包合同均无效
B. 丙公司在向乙公司赔偿损失后,有权向丁公司追偿
C. 甲公司有权要求丁公司承担民事责任
D. 法院可收缴丙公司由于分包已经取得的非法所得

329. 2012/3/61/多

甲公司与乙公司签订建设工程施工合同,将工程发包给乙公司施工,约定乙公司垫资1000万元,未约定垫资利息。甲公司、乙公司经备案的中标合同中工程造价为1亿元,但双方私下约定的工程造价为8000万元,均未约定工程价款的支付时间。7月1日,乙公司将经竣工验收合格的建设工程实际交付给甲公司,甲公司一直拖欠工程款。关于乙公司,下列哪些表述是正确的?③

A. 1000万元垫资应按工程欠款处理
B. 有权要求甲公司支付1000万元垫资自7月1日起的利息
C. 有权要求甲公司支付1亿元
D. 有权要求甲公司支付1亿元自7月1日起的利息

---

① ABC ② BC(原答案为BCD) ③ ABCD

330. 2015/3/14/单

甲公司与没有建筑施工资质的某施工队签订合作施工协议,由甲公司投标乙公司的办公楼建筑工程,施工队承建并向甲公司交纳管理费。中标后,甲公司与乙公司签订建筑施工合同。工程由施工队负责施工。办公楼竣工验收合格交付给乙公司。乙公司尚有部分剩余工程款未支付。下列哪一选项是正确的?①

A. 合作施工协议有效
B. 建筑施工合同属于效力待定
C. 施工队有权向甲公司主张工程款
D. 甲公司有权拒绝支付剩余工程款

331. 2017/3/55/多

甲公司以一地块的建设用地使用权作抵押向乙银行借款3000万元,办理了抵押登记。其后,甲公司在该地块上开发建设住宅楼,由丙公司承建。甲公司在取得预售许可后与丁订立了商品房买卖合同,丁交付了80%的购房款。现住宅楼已竣工验收,但甲公司未能按期偿还乙银行借款,并欠付丙公司工程款1500万元,乙银行和丙公司同时主张权利,法院拍卖了该住宅楼。下列哪些选项是正确的?②

A. 乙银行对建设用地使用权拍卖所得价款享有优先受偿权
B. 乙银行对该住宅楼拍卖所得价款享有优先受偿权
C. 丙公司对该住宅楼及其建设用地使用权的优先受偿权优先于乙银行的抵押权
D. 丙公司对该住宅楼及其建设用地使用权的优先受偿权不得对抗丁对其所购商品房的权利

332. 2017/3/62/多

甲房地产开发公司开发一个较大的花园公寓项目,作为发包人,甲公司将该项目的主体工程发包给了乙企业,签署了建设工程施工合同。乙企业一直未取得建筑施工企业资质。现该项目主体工程已封顶完工。就相关合同效力及工程价款,下列哪些说法是正确的?③

A. 该建设工程施工合同无效
B. 因该项目主体工程已封顶完工,故该建设工程施工合同不应认定为无效

---

① C ② ACD ③ ACD

C. 该项目主体工程经竣工验收合格,则乙企业可参照合同约定请求甲公司支付工程价款
D. 该项目主体工程经竣工验收不合格,经修复后仍不合格的,乙企业不能主张工程价款

333. 2023 回忆/单

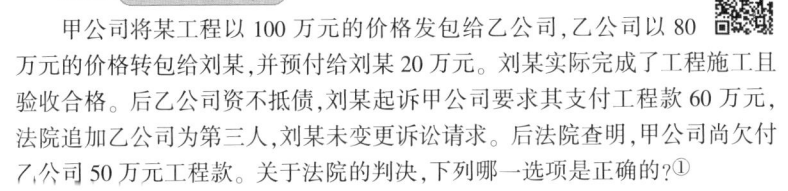

甲公司将某工程以 100 万元的价格发包给乙公司,乙公司以 80 万元的价格转包给刘某,并预付给刘某 20 万元。刘某实际完成了工程施工且验收合格。后乙公司资不抵债,刘某起诉甲公司要求其支付工程款 60 万元,法院追加乙公司为第三人,刘某未变更诉讼请求。后法院查明,甲公司尚欠付乙公司 50 万元工程款。关于法院的判决,下列哪一选项是正确的?①

A. 判决甲公司支付刘某 50 万元
B. 判决甲公司支付刘某 60 万元
C. 判决甲公司支付刘某 50 万元,乙公司支付刘某 10 万元
D. 判决乙公司支付刘某 60 万元

专题二十一　提供劳务合同

考点83 运输合同

334. 2019 回忆/多

甲带 3 岁孩子(按规定免票)乘坐长途客车,途中客车与乙驾驶的轿车相撞发生交通事故。甲身体受轻伤,随身携带的电脑摔坏,就医花费 1000 元,修理电脑花费 2000 元。孩子造成脑震荡,就医花费 5 万元。对此,下列说法正确的是:②

A. 若客车司机无过错,则对于电脑损失客运公司不需要承担责任
B. 孩子的损失,可请求客运公司承担责任
C. 孩子免票,公司不承担责任
D. 甲有权请求客运公司与乙承担连带责任

考点84 保管合同与仓储合同

335. 2010/3/61/多

关于保管合同和仓储合同,下列哪些说法是错误的?③

---
① A　② ABD　③ ABCD

A. 二者都是有偿合同
B. 二者都是实践性合同
C. 寄存人和存货人均有权随时提取保管物或仓储物而无须承担责任
D. 因保管人保管不善造成保管物或仓储物毁损、灭失的,保管人承担严格责任

336. 2023 回忆/单

甲与乙银行签订了《银行保险柜协议》,期限为 10 年,保险柜的钥匙由甲自己保管。合同签订后甲在该保险柜中放入若干金条。关于《银行保险柜协议》的合同性质,下列哪一说法是正确的?①

A. 租赁合同　　　　　　B. 保管合同
C. 仓储合同　　　　　　D. 委托合同

337. 2023 回忆/任

外卖小哥甲在送外卖路上看见乙跳河自杀,于是将自己的手机等财物交给路人丙保管,从十米高的桥上跳下去救人,导致背部受伤。救助过程中,乙因不断挣扎致手臂脱臼。路人丙由于专注于现场,不慎将甲的手机摔坏。对此,下列说法正确的是:②

A. 甲有权请求丙赔偿手机的损失
B. 甲有权请求乙赔偿手机的损失
C. 甲可以请求乙适当补偿其人身损害
D. 甲应赔偿乙的人身损害

考点85 委托合同

338. 2013/3/60/多

某律师事务所指派吴律师担任某案件的一、二审委托代理人。第一次开庭后,吴律师感觉案件复杂,本人和该事务所均难以胜任,建议不再继续代理。但该事务所坚持代理。一审判决委托人败诉。下列哪些表述是正确的?③

A. 律师事务所有权单方解除委托合同,但须承担赔偿责任
B. 律师事务所在委托人一审败诉后不能单方解除合同
C. 即使一审胜诉,委托人也可解除委托合同,但须承担赔偿责任
D. 只有存在故意或者重大过失时,该律师事务所才对败诉承担赔偿责任

① B　② C　③ AC

| 刷题表 | 时 间 | 题号 | 一刷 | 二刷 | 题号 | 一刷 | 二刷 | 题号 | 一刷 | 二刷 | 题号 | 一刷 | 二刷 |

考点86 物业服务合同

339. 2010/3/8/单 新法改编

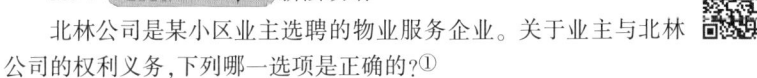

北林公司是某小区业主选聘的物业服务企业。关于业主与北林公司的权利义务，下列哪一选项是正确的？①

A. 北林公司公开作出的服务承诺及制定的服务细则，不是物业服务合同的组成部分
B. 业主甲将房屋租给他人使用，约定由承租人交纳物业费，北林公司有权请求业主甲对该物业费的交纳承担责任
C. 业主乙拖欠半年物业服务费，北林公司要求业主委员会支付欠款，业主委员会无权拒绝
D. 业主丙出国进修两年返家，北林公司要求其补交两年的物业管理费，丙有权以两年未接受物业服务为由予以拒绝

考点87 行纪合同

340. 2009/3/61/多

甲将10吨大米委托乙商行出售。双方只约定，乙商行以自己名义对外销售，每公斤售价两元，乙商行的报酬为价款的5%。下列哪些说法是正确的？②

A. 甲与乙商行之间成立行纪合同关系
B. 乙商行为销售大米支出的费用应由自己负担
C. 如乙商行以每公斤2.5元的价格将大米售出，双方对多出价款的分配无法达成协议，则应平均分配
D. 如乙商行与丙食品厂订立买卖大米的合同，则乙商行对该合同直接享有权利、承担义务

341. 2010/3/60/多

甲委托乙寄售行以该行名义将甲的一台仪器以3000元出售，除酬金外双方对其他事项未作约定。其后，乙将该仪器以3500元卖给了丙，为此乙多支付费用100元。对此，下列哪些选项是正确的？③

A. 甲与乙订立的是中介合同
B. 高于约定价格卖得的500元属于甲
C. 如仪器出现质量问题，丙应向乙主张违约责任

---

① B ② ABD ③ BCD

D. 乙无权要求甲承担100元费用

考点88 中介合同

342． 2015/3/15/单

刘某与甲房屋中介公司签订合同,委托甲公司帮助出售房屋一套。关于甲公司的权利义务,下列哪一说法是错误的?①
A. 如有顾客要求上门看房时,甲公司应及时通知刘某
B. 甲公司可代刘某签订房屋买卖合同
C. 如促成房屋买卖合同成立,甲公司可向刘某收取报酬
D. 如促成房屋买卖合同成立,甲公司自行承担居间活动费用

考点89 旅游合同与旅游纠纷

343． 2011/3/60/多

梁某与甲旅游公司签订合同,约定梁某参加甲公司组织的旅游团赴某地旅游。旅游出发前15日,梁某因出差通知甲公司,由韩某替代跟团旅游。旅游行程一半,甲公司不顾韩某反对,将其旅游业务转给乙公司。乙公司组织游客参观某森林公园,该公园所属观光小火车司机操作失误致火车脱轨,韩某遭受重大损害。下列哪些表述是正确的?②
A. 即使甲公司不同意,梁某仍有权将旅游合同转让给韩某
B. 韩某有权请求甲公司和乙公司承担连带责任
C. 韩某有权请求某森林公园承担赔偿责任
D. 韩某有权请求小火车司机承担赔偿责任

344． 2014/3/67/多

甲参加乙旅行社组织的旅游活动。未经甲和其他旅游者同意,乙旅行社将本次业务转让给当地的丙旅行社。丙旅行社聘请丁公司提供大巴运输服务。途中,由于丁公司司机黄某酒后驾驶与迎面违章变道的个体运输户刘某货车相撞,造成甲受伤。甲的下列哪些请求能够获得法院的支持?③
A. 请求丁公司和黄某承担连带赔偿责任
B. 请求黄某与刘某承担连带赔偿责任
C. 请求乙旅行社和丙旅行社承担连带赔偿责任
D. 请求刘某承担赔偿责任

---

① B(原答案为C) ② ABC ③ CD

专题二十二 技术合同

考点90 技术开发合同

345. (2008/3/62/多)

甲研究所与刘某签订了一份技术开发合同,约定由刘某为甲研究所开发一套软件。3个月后,刘某按约定交付了技术成果,甲研究所未按约定支付报酬。由于没有约定技术成果的归属,双方发生争执。下列哪些选项是正确的?①

A. 申请专利的权利属于刘某,但刘某无权获得报酬
B. 申请专利的权利属于刘某,且刘某有权获得约定的报酬
C. 如果刘某转让专利申请权,甲研究所享有以同等条件优先受让的权利
D. 如果刘某取得专利权,甲研究所可以免费实施该专利

346. (2010/3/62/多)

甲乙丙三人合作开发一项技术,合同中未约定权利归属。该项技术开发完成后,甲、丙想要申请专利,而乙主张通过商业秘密来保护。对此,下列哪些选项是错误的?②

A. 甲、丙不得申请专利
B. 甲、丙可申请专利,申请批准后专利权归甲、乙、丙共有
C. 甲、丙可申请专利,申请批准后专利权归甲、丙所有,乙有免费实施的权利
D. 甲、丙不得申请专利,但乙应向甲、丙支付补偿费

347. (2010/3/65/多)

甲公司聘请乙专职从事汽车发动机节油技术开发。因开发进度没有达到甲公司的要求,甲公司减少了给乙的开发经费。乙于2007年3月辞职到丙公司,获得了更高的薪酬和更多的开发经费。2008年1月,乙成功开发了 种新型汽车节油装置技术。关于该技术专利申请权的归属,下列哪些选项是错误的?③

A. 甲公司　　　　　　　　B. 乙
C. 丙公司　　　　　　　　D. 甲公司和丙公司共有

---

① BC(原答案为BCD)　② BCD　③ BCD

348. 2011/3/15/单

甲公司与乙公司签订一份技术开发合同,未约定技术秘密成果的归属。甲公司按约支付了研究开发费用和报酬后,乙公司交付了全部技术成果资料。后甲公司在未告知乙公司的情况下,以普通使用许可的方式许可丙公司使用该技术,乙公司在未告知甲公司的情况下,以独占使用许可的方式许可丁公司使用该技术。下列哪一说法是正确的?①

A. 该技术成果的使用权仅属于甲公司
B. 该技术成果的转让权仅属于乙公司
C. 甲公司与丙公司签订的许可使用合同无效
D. 乙公司与丁公司签订的许可使用合同无效

349. 2012/3/64/多

工程师王某在甲公司的职责是研发电脑鼠标。下列哪些说法是错误的?②

A. 王某利用业余时间研发的新鼠标的专利申请权属于甲公司
B. 如王某没有利用甲公司物质技术条件研发出新鼠标,其专利申请权属于王某
C. 王某主要利用了单位物质技术条件研发出新型手机,其专利申请权属于王某
D. 如王某辞职后到乙公司研发出新鼠标,其专利申请权均属于乙公司

考点91 技术转让合同和技术许可合同

350. 2008/3/67/单

甲公司于2004年5月10日申请一项汽车轮胎的实用新型的专利,2007年6月1日获得专利权,2008年5月10日与乙公司签订一份专利独占实施许可合同。下列哪一选项是正确的?③

A. 该合同属于技术转让合同
B. 该合同的有效期不得超过10年
C. 乙公司不得许可第三人实施该专利技术
D. 乙公司经甲公司授权可以自己的名义起诉侵犯该专利技术的人

---

① D ② BCD ③ C(原答案为AC)。原为多选题,根据新法答案有变化,调整为单选题

351. 2009/3/62/多

甲公司非法窃取竞争对手乙公司最新开发的一项技术秘密成果,与丙公司签订转让合同,约定丙公司向甲公司支付一笔转让费后拥有并使用该技术秘密。乙公司得知后,主张甲丙间的合同无效,并要求赔偿损失。下列哪些说法是正确的?①

A. 如丙公司不知道或不应当知道甲公司窃取技术秘密的事实,则甲丙间的合同有效
B. 如丙公司为善意,有权继续使用该技术秘密,乙公司不得要求丙公司支付费用,只能要求甲公司承担责任
C. 如丙公司明知甲公司窃取技术秘密的事实仍与其订立合同,不得继续使用该技术秘密,并应当与甲公司承担连带赔偿责任
D. 不论丙公司取得该技术秘密权时是否为善意,该技术转让合同均无效

352. 2012/3/16/单

甲公司与乙公司签订一份专利实施许可合同,约定乙公司在专利有效期限内独占实施甲公司的专利技术,并特别约定乙公司不得擅自改进该专利技术。后乙公司根据消费者的反馈意见,在未经甲公司许可的情形下对专利技术做了改进,并对改进技术采取了保密措施。下列哪一说法是正确的?②

A. 甲公司有权自己实施该专利技术
B. 甲公司无权要求分享改进技术
C. 乙公司改进技术侵犯了甲公司的专利权
D. 乙公司改进技术属于违约行为

353. 2013/3/16/单

甲公司向乙公司转让了一项技术秘密。技术转让合同履行完毕后,经查该技术秘密是甲公司通过不正当手段从丙公司获得的,但乙公司对此并不知情,且支付了合理对价。下列哪一表述是正确的?③

A. 技术转让合同有效,但甲公司应向丙公司承担侵权责任
B. 技术转让合同无效,甲公司和乙公司应向丙公司承担连带责任
C. 乙公司可在其取得时的范围内继续使用该技术秘密,但应向丙公司支付合理的使用费

---

① CD ② B ③ C

D. 乙公司有权要求甲公司返还其支付的对价,但不能要求甲公司赔偿其因此受到的损失

354. 2014/3/16/单

甲研究院研制出一种新药技术,向我国有关部门申请专利后,与乙制药公司签订了专利申请权转让合同,并依法向国务院专利行政主管部门办理了登记手续。下列哪一表述是正确的?①

A. 乙公司依法获得药品生产许可证之前,专利申请权转让合同未生效
B. 专利申请权的转让合同自向国务院专利行政主管部门登记之日起生效
C. 专利申请权的转让自向国务院专利行政主管部门登记之日起生效
D. 如该专利申请因缺乏新颖性被驳回,乙公司可以不能实现合同目的为由请求解除专利申请权转让合同

考点92 技术服务合同

355. 2021 回忆/单

甲、乙两公司约定:甲公司委托乙公司制造一个特定的冶炼炉,高20米,宽30米,甲公司提供明确的参数,乙公司准备材料,利用乙公司的技术设计制造完成,并负责安装和后期的维修、保养。该合同属于:②

A. 提供劳务合同　　　　B. 建设工程合同
C. 技术服务合同　　　　D. 买卖合同

专题二十三　合伙合同

考点93 合伙合同

356. 2008/3/4/单

甲、乙因合伙经商向丙借款3万元,甲于约定时间携带3万元现金前往丙家还款,丙因忘却此事而外出,甲还款未果。甲返回途中,将装有现金的布袋夹放在自行车后座,路经闹市时被人抢夺,不知所踪。下列哪一选项是正确的?③

A. 丙仍有权请求甲、乙偿还3万元借款
B. 丙丧失请求甲、乙偿还3万元借款的权利

① C　② C　③ A

C. 丙无权请求乙偿还 3 万元借款

D. 甲、乙有权要求丙承担此款被抢夺的损失

357. 2009/3/2/单

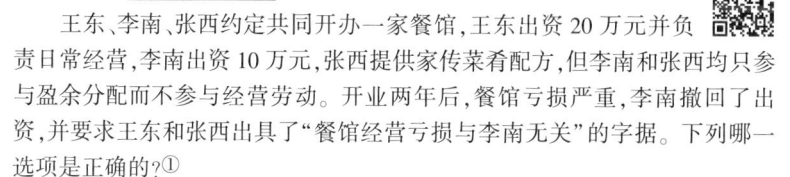

王东、李南、张西约定共同开办一家餐馆,王东出资 20 万元并负责日常经营,李南出资 10 万元,张西提供家传菜肴配方,但李南和张西均只参与盈余分配而不参与经营劳动。开业两年后,餐馆亏损严重,李南撤回了出资,并要求王东和张西出具了"餐馆经营亏损与李南无关"的字据。下列哪一选项是正确的?①

A. 王东、李南为合伙人,张西不是合伙人

B. 王东、张西为合伙人,李南不是合伙人

C. 王东、李南、张西均为合伙人

D. 王东和张西所出具的字据无效

358. 2016/3/2/单

甲企业是由自然人安琚与乙企业(个人独资)各出资 50% 设立的普通合伙企业,欠丙企业货款 50 万元,由于经营不善,甲企业全部资产仅剩 20 万元。现所欠货款到期,相关各方因货款清偿发生纠纷。对此,下列哪一表述是正确的?②

A. 丙企业只能要求安琚与乙企业各自承担 15 万元的清偿责任

B. 丙企业只能要求甲企业承担清偿责任

C. 欠款应先以甲企业的财产偿还,不足部分由安琚与乙企业承担无限连带责任

D. 就乙企业对丙企业的应偿债务,乙企业投资人不承担责任

359. 甲、乙、丙三人签订合伙协议并开始经营,但未取字号,未登记,也未推举负责人。其间,合伙人与顺利融资租赁公司签订融资租赁合同,租赁淀粉加工设备一台,约定租赁期限届满后设备归承租人所有。合同签订后,出租人按照承租人的选择和要求向设备生产商丁公司支付了价款。请回答(1)、(2)题。

(1) 2016/3/86/任

如果承租人不履行支付价款的义务,出租人起诉,适格被告是:③

A. 合伙企业

① C ② C ③ BC

B. 甲、乙、丙全体
C. 甲、乙、丙中的任何人
D. 丁公司

(2) 2016/3/87/任
乙在经营期间发现风险太大,提出退伙,甲、丙表示同意,并通知了出租人,但出租人表示反对,认为乙退出后会加大合同不履行的风险。下列说法正确的是:①
A. 经出租人同意,乙可以退出
B. 乙可以退出,无需出租人同意
C. 乙必须向出租人提供有效担保后才能退出
D. 乙退出后对合伙债务不承担责任

360. 2020 回忆/多
甲、乙、丙、丁四人签订合伙合同,但未登记为合伙企业。甲、乙、丙推选丁作为合伙事务的执行人,丁在执行合伙事务的过程中,与戊发生口角,并将戊打伤,现在戊欲追究甲、乙、丙、丁及合伙的责任。根据《民法典》,下列哪些说法是正确的?②
A. 甲、乙、丙不应与丁承担连带责任
B. 应由丁自己承担责任
C. 应由合伙承担用人单位责任
D. 应由合伙与丁承担连带责任

专题二十四 无因管理、不当得利

考点94 无因管理

361. 2008/3/55/多
下列行为中,哪些构成无因管理?③
A. 甲错把他人的牛当成自家的而饲养
B. 乙见邻居家中失火恐殃及自己家,遂用自备的灭火器救火
C. 丙(15岁)租车将在体育课上昏倒的同学送往医院救治
D. 丁见门前马路下水道井盖被盗致路人跌伤,遂自购一井盖铺上

① B ② AB ③ BCD

| 刷题表 | 时 间 | 题号 | 一刷 | 二刷 | 题号 | 一刷 | 二刷 | 题号 | 一刷 | 二刷 | 题号 | 一刷 | 二刷 |

362. 2009/3/12/单

张某外出,台风将至。邻居李某担心张某年久失修的房子被风刮倒,祸及自家,就雇人用几根木料支撑住张某的房子,但张某的房子仍然不敌台风,倒塌之际压死了李某养的数只鸡。下列哪一说法是正确的?①

A. 李某初衷是为自己,故不构成无因管理
B. 房屋最终倒塌,未达管理效果,故无因管理不成立
C. 李某的行为构成无因管理
D. 张某不需支付李某固房费用,但应赔偿房屋倒塌给李某造成的损失

363. 2011/3/20/单

刘某承包西瓜园,收获季节突然病故。好友刁某因联系不上刘某家人,便主动为刘某办理后事和照看西瓜园,并将西瓜卖出,获益5万元。其中,办理后事花费1万元,摘卖西瓜雇工费以及其他必要费用共5000元。刁某认为自己应得劳务费5000元。关于刁某的行为,下列哪一说法是正确的?②

A. 5万元属于不当得利
B. 应向刘某家人给付3万元
C. 应向刘某家人给付4万元
D. 应向刘某家人给付3.5万元

364. 2011/3/90/任

甲公司与乙公司约定,由甲公司向乙公司交付1吨药材,乙公司付款100万元。乙公司将药材转卖给丙公司,并约定由甲公司向丙公司交付,丙公司收货后3日内应向乙支付价款120万元。

张某以自有汽车为乙公司的债权提供抵押担保,未办理抵押登记。抵押合同约定:"在丙公司不付款时,乙公司有权就出卖该汽车的价款清偿自己的债权。"李某为这笔货款出具担保函:"在丙公司不付款时,由李某承担保证责任"。丙公司收到药材后未依约向乙公司支付120万元,乙公司向张某主张实现抵押权,同时要求李某承担保证责任。

张某见状,便将其汽车赠与刘某。刘某将该汽车作为出资,与钱某设立丁酒店有限责任公司,并办理完出资手续。

丁公司员工方某驾驶该车接送酒店客人时,为躲避一辆逆行摩托车,将

① C ② D

129

行人赵某撞伤。方某自行决定以丁公司名义将该车放在戊公司维修,为获得维修费的八折优惠,方某以其名义在与戊公司相关的庚公司为该车购买一套全新座垫。汽车修好后,方某将车取走交丁公司投入运营。戊公司要求丁公司支付维修费,否则对汽车行使留置权,丁公司回函请宽限一周。庚公司要求丁公司支付座垫费,丁公司拒绝。

关于汽车维修合同,下列表述正确的是:①
A. 方某构成无因管理
B. 方某构成无权代理
C. 方某构成无权处分
D. 方某构成表见代理

365. 2013/3/21/单
下列哪一情形会引起无因管理之债?②
A. 甲向乙借款,丙在明知诉讼时效已过后擅自代甲向乙还本付息
B. 甲在自家门口扫雪,顺便将邻居乙的小轿车上的积雪清扫干净
C. 甲与乙结婚后,乙生育一子丙,甲抚养丙5年后才得知丙是乙和丁所生
D. 甲拾得乙遗失的牛,寻找失主未果后牵回暂养。因地震致屋塌牛死,甲出卖牛皮、牛肉获价款若干

366. 2014/3/20/单
甲的房屋与乙的房屋相邻。乙把房屋出租给丙居住,并为该房屋在A公司买了火灾保险。某日甲见乙的房屋起火,唯恐大火蔓延自家受损,遂率家人救火,火势得到及时控制,但甲被烧伤住院治疗。下列哪一表述是正确的?③
A. 甲主观上为避免自家房屋受损,不构成无因管理,应自行承担医疗费用
B. 甲依据无因管理只能向乙主张医疗费赔偿,因乙是房屋所有人
C. 甲依据无因管理只能向丙主张医疗费赔偿,因丙是房屋实际使用人
D. 甲依据无因管理不能向A公司主张医疗费赔偿,因甲欠缺为A公司的利益实施管理的主观意思

考点95 不当得利

367. 2011/3/19/单
下列哪一情形不产生不当得利之债?④

---

① AB ② D ③ D ④ B

A. 甲向乙借款 10 万元,1 年后根据约定偿还本息 15 万元
B. 甲不知诉讼时效已过,向债权人乙清偿债务
C. 甲久别归家,误把乙的鸡当成自家的吃掉
D. 甲雇用的装修工人,误把邻居乙的装修材料用于甲的房屋装修

368． 2012/3/20/单

甲将某物出售于乙,乙转售于丙,甲应乙的要求,将该物直接交付于丙。下列哪一说法是错误的?①

A. 如仅甲、乙间买卖合同无效,则甲有权向乙主张不当得利返还请求权
B. 如仅乙、丙间买卖合同无效,则乙有权向丙主张不当得利返还请求权
C. 如甲、乙间以及乙、丙间买卖合同均无效,甲无权向丙主张不当得利返还请求权
D. 如甲、乙间以及乙、丙间买卖合同均无效,甲有权向乙、乙有权向丙主张不当得利返还请求权

369． 2013/3/20/单

下列哪一情形产生了不当得利之债?②

A. 甲欠乙款超过诉讼时效后,甲向乙还款
B. 甲欠乙款,提前支付全部利息后又在借期届满前提前还款
C. 甲向乙支付因前晚打麻将输掉的 2000 元现金
D. 甲在乙银行的存款账户因银行电脑故障多出 1 万元

370． 2015/3/61/多

甲遗失其为乙保管的迪亚手表,为偿还乙,甲窃取丙的美茄手表和 4000 元现金。甲将美茄手表交乙,因美茄手表比迪亚手表便宜 1000 元,甲又从 4000 元中补偿乙 1000 元。乙不知甲盗窃情节。乙将美茄手表赠与丁,又用该 1000 元的一半支付某自来水公司水费,另一半购得某商场一件衬衣。下列哪些说法是正确的?③

A. 丙可请求丁返还手表
B. 丙可请求甲返还 3000 元,请求自来水公司和商场各返还 500 元
C. 丙可请求乙返还 1000 元不当得利
D. 丙可请求甲返还 4000 元不当得利

① C ② D ③ AD

371. 2015/3/90/任

顺风电器租赁公司将一台电脑出租给张某,租期为2年。在租赁期间内,张某谎称电脑是自己的,分别以市价与甲、乙、丙签订了三份电脑买卖合同并收取了三份价款,但张某把电脑实际交付给了乙。后乙的这台电脑被李某拾得,因暂时找不到失主,李某将电脑出租给王某获得很高收益。王某租用该电脑时出了故障,遂将电脑交给康成电脑维修公司维修。王某和李某就维修费的承担发生争执。康成公司因未收到修理费而将电脑留置,并告知王某如7天内不交费,将变卖电脑抵债。李某听闻后,于当日潜入康成公司偷回电脑。

如乙请求李某返还电脑和所获利益,下列说法正确的是:①
A. 李某向乙返还所获利益时,应以乙所受损失为限
B. 李某应将所获利益作为不当得利返还给乙,但可以扣除支出的必要费用
C. 乙应以所有权人身份而非不当得利债权人身份请求李某返还电脑
D. 如李某拒绝返还电脑,需向乙承担侵权责任

第四编 人格权

专题二十五 人格权

考点96 生命权、身体权、健康权

372. 2016/3/22/单

下列哪一情形构成对生命权的侵犯?②
A. 甲女视其长发如生命,被情敌乙尽数剪去
B. 丙应丁要求,协助丁完成自杀行为
C. 戊为报复欲置己于死地,结果将己打成重伤
D. 庚医师因误诊致辛出生即残疾,辛认为庚应对自己的错误出生负责

373. 2019 回忆/多

彭某因车祸双腿截肢,安装了科技含量高且只能由专业人员拆卸

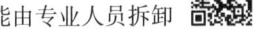

---

① D(原答案为BCD) ② B

刷题表	时间	题号	一刷	二刷	题号	一刷	二刷	题号	一刷	二刷	题号	一刷	二刷

的假肢,一日与秦某发生口角,秦某一怒之下将彭某的假肢打碎,彭某精神遭受严重打击。关于本案,下列哪些说法正确?①

A. 彭某的生命健康权遭受了侵害
B. 彭某的身体权遭受了侵害
C. 彭某的所有权遭受了侵害
D. 彭某可就假肢毁损向秦某主张精神损害赔偿

考点 97 姓名权与名称权

374. 2009/3/24/单

朴某系知名美容专家。某医院未经朴某同意,将其作为医院美容专家在医院网站上使用了朴某照片和简介,且将朴某名字和简介错误地安在了其他专家的照片旁。下列哪一说法是正确的?②

A. 医院未侵犯朴某的姓名权
B. 医院未侵犯朴某的肖像权
C. 医院侵犯了朴某的肖像权和姓名权
D. 医院侵犯了朴某的荣誉权

375. 2010/3/68/多

女青年牛某因在一档电视相亲节目中言词犀利而受到观众关注,一时应者如云。有网民对其发动"人肉搜索",在相关网站首次披露牛某的曾用名、儿时相片、家庭背景、恋爱史等信息,并有人在网站上捏造牛某曾与某明星有染的情节。关于网民的行为,下列哪些说法是正确的?③

A. 侵害牛某的姓名权
B. 侵害牛某的肖像权
C. 侵害牛某的隐私权
D. 侵害牛某的名誉权

376. 2017/3/17/单

高甲患有精神病,其父高乙为监护人。2009年高甲与陈小美经人介绍认识,同年12月陈小美以其双胞胎妹妹陈小丽的名义与高甲登记结婚,2011年生育一子高小甲。2012年高乙得知儿媳的真实姓名为陈小美,遂向法院起诉。诉讼期间,陈小美将一直由其抚养的高小甲户口迁往自己原籍,并将高小甲改名为陈龙,高乙对此提出异议。下列哪一选项是正确的?④

① BD ② C ③ BCD(原答案为CD) ④ D

A. 高甲与陈小美的婚姻属无效婚姻
B. 高甲与陈小美的婚姻属可撤销婚姻
C. 陈小美为高小甲改名的行为侵害了高小甲的合法权益
D. 陈小美为高小甲改名的行为未侵害高甲的合法权益

考点98 肖像权

377． 2008/3/15/单

赵某系全国知名演员,张某经多次整容后外形酷似赵某,此后多次参加营利性模仿秀表演,承接并拍摄了一些商业广告。下列哪一选项是正确的?①

A. 张某故意整容成赵某外形的行为侵害了赵某的肖像权
B. 张某整容后参加营利性模仿秀表演侵害了赵某的肖像权
C. 张某整容后承接并拍摄商业广告的行为侵害了赵某的名誉权
D. 张某的行为不构成对赵某人格权的侵害

378． 2010/3/22/单

某"二人转"明星请某摄影爱好者为其拍摄个人写真,摄影爱好者未经该明星同意将其照片卖给崇拜该明星的广告商,广告商未经该明星、摄影爱好者同意将该明星照片刊印在广告单上。对此,下列哪一选项是正确的?②

A. 照片的著作权属于该明星,但由摄影爱好者行使
B. 广告商侵犯了该明星的肖像权
C. 广告商侵犯了该明星的名誉权
D. 摄影爱好者卖照片给广告商,不构成侵权

379． 2011/3/24/单

甲到乙医院做隆鼻手术效果很好。乙为了宣传,分别在美容前后对甲的鼻子进行拍照(仅见鼻子和嘴部),未经甲同意将照片发布到丙网站的广告中,介绍该照片时使用甲的真实姓名。丙网站在收到甲的异议后立即作了删除。下列哪一说法是正确的?③

A. 乙医院和丙网站侵犯了甲的姓名权,应承担连带赔偿责任
B. 乙医院和丙网站侵犯了甲的姓名权,应承担按份赔偿责任
C. 乙医院侵犯了甲的姓名权

① D ② B ③ C

D. 乙医院和丙网站侵犯了甲的姓名权和肖像权,但丙网站可免于承担赔偿责任

380. 2017/3/21/单

摄影爱好者李某为好友丁某拍摄了一组生活照,并经丁某同意上传于某社交媒体群中。蔡某在社交媒体群中看到后,擅自将该组照片上传于某营利性摄影网站,获得报酬若干。对蔡某的行为,下列哪一说法是正确的?①

A. 侵害了丁某的肖像权和身体权
B. 侵害了丁某的肖像权和李某的著作权
C. 侵害了丁某的身体权和李某的著作权
D. 不构成侵权

381. 2018 回忆/多

某考研培训机构,未经名师甲许可,使用甲的照片作为宣传资料的封皮照片。该市晚报记者看到该机构宣传后,以一线名师甲加盟某考研培训机构为题进行了报道,并配有甲的照片(面部做了马赛克处理)。对此,下列说法正确的是:②

A. 考研培训机构侵犯了甲的肖像权
B. 考研培训机构侵犯了甲的姓名权
C. 晚报不侵犯甲的肖像权
D. 晚报侵犯了甲的肖像权

382. 2023 回忆/单

大厨刘某擅长烧菜,在直播平台制作发布了视频《老刘油爆大虾》。李某看到后,用 AI 换脸技术制作发布了视频《老李油爆大虾》,视频其他内容均未改动。李某侵犯了刘某的下列哪一权利?③

A. 肖像权   B. 姓名权
C. 名誉权   D. 著作权

考点99 名誉权

383. 2008/3/61/多

张某旅游时抱着当地一小女孩拍摄了一张照片,并将照片放在自

---

① B ② AC ③ D

| 刷题表 | 时间 | 题号 | 一刷 | 二刷 | 题号 | 一刷 | 二刷 | 题号 | 一刷 | 二刷 | 题号 | 一刷 | 二刷 |

己的博客中,后来发现该照片被用在某杂志的封面,并配以"母女情深"的文字说明。张某并未结婚,朋友看到杂志后纷纷询问张某,熟人对此也议论纷纷,张某深受困扰。下列哪些说法是正确的?①

A. 杂志社侵害了张某的肖像权
B. 杂志社侵害了张某的名誉权
C. 杂志社侵害了张某的隐私权
D. 张某有权向杂志社要求精神损害赔偿

384. 2011/3/66/多

甲女委托乙公司为其拍摄一套艺术照。不久,甲女发现丙网站有其多张半裸照片,受到众人嘲讽和指责。经查,乙公司未经甲女同意将其照片上传到公司网站做宣传,丁男下载后将甲女头部移植至他人半裸照片,上传到丙网站。下列哪些说法是正确的?②

A. 乙公司侵犯了甲女的肖像权
B. 丁男侵犯了乙公司的著作权
C. 丁男侵犯了甲女的名誉权
D. 甲女有权主张精神损害赔偿

385. 2013/3/22/多

甲用其拾得的乙的身份证在丙银行办理了信用卡,并恶意透支,致使乙的姓名被列入银行不良信用记录名单。经查,丙银行在办理发放信用卡之前,曾通过甲在该行留下的乙的电话(实为甲的电话)核实乙是否申请办理了信用卡。根据我国现行法律规定,下列哪些表述是正确的?③

A. 甲侵犯了乙的姓名权
B. 甲侵犯了乙的名誉权
C. 甲侵犯了乙的信用权
D. 丙银行不应承担责任

386. 2022回忆/多

张某曾因盗窃被依法追究刑事责任,刑满释放后,张某搬到新小区生活。张某曾经的同事钟某恰好居住在该小区,二人以前因为工作上的问题发生过争吵。某天,钟某在小区散步偶遇张某后,就在小区业主群里发消息说"大

---

① ABD ② ABCD ③ AB(原答案为A)。原为单选题,根据新法答案有变化,调整为多选题

136

刷题表	时 间	题号	一刷	二刷	题号	一刷	二刷	题号	一刷	二刷	题号	一刷	二刷

家小心啦,咱们小区里面住进来一个罪犯",并公布了张某的姓名。众人对此议论纷纷,给张某的生活带来了极大困扰。对此,下列哪些说法是正确的?①

A. 钟某侵犯了张某的名誉权
B. 钟某侵犯了张某的隐私权
C. 钟某的行为不构成侵权
D. 张某可请求钟某承担赔礼道歉的责任,不受诉讼时效的限制

考点100 隐私权

387. 2015/3/66/多

张某毕业要去外地工作,将自己贴身生活用品、私密照片及平板电脑等装箱交给甲快递公司运送。张某在箱外贴了"私人物品,严禁打开"的字条。张某到外地收到快递后察觉有异,经查实,甲公司工作人员李某曾翻看箱内物品,并损坏了平板电脑。下列哪些选项是正确的?②

A. 甲公司侵犯了张某的隐私权
B. 张某可请求甲公司承担精神损害赔偿责任
C. 张某可请求甲公司赔偿平板电脑的损失
D. 张某可请求甲公司和李某承担连带赔偿责任

考点101 个人信息保护

388. 2017/3/20/单

张某因出售公民个人信息被判刑,孙某的姓名、身份证号码、家庭住址等信息也在其中,买方是某公司。下列哪一选项是正确的?③

A. 张某侵害了孙某的身份权
B. 张某侵害了孙某的名誉权
C. 张某侵害了孙某对其个人信息享有的民事权益
D. 某公司无须对孙某承担民事责任

考点102 精神损害赔偿

389. 2010/3/69/多

张某因病住院,医生手术时误将一肾脏摘除。张某向法院起诉,要求医院赔偿治疗费用和精神损害抚慰金。法院审理期间,张某术后感染医治无效死亡。关于此案,下列哪些说法是正确的?④

① ABD ② AC ③ C ④ ABD(原答案为ABCD)

A. 医院侵犯了张某的健康权和生命权
B. 张某继承人有权继承张某的医疗费赔偿请求权
C. 张某继承人有权继承张某的精神损害抚慰金请求权
D. 张某死后其配偶、父母和子女有权另行起诉,请求医院赔偿自己的精神损害

390. 2017/3/65/多

乙女与甲男婚后多年未生育,后甲男发现乙女因不愿生育曾数次擅自中止妊娠,为此甲男多次殴打乙女。乙女在被打住院后诉至法院要求离婚并请求损害赔偿,甲男以生育权被侵害为由提起反诉,请求乙女赔偿其精神损害。法院经调解无效,拟判决双方离婚。下列哪些选项是正确的?①

A. 法院应支持乙女的赔偿请求
B. 乙女侵害了甲男的生育权
C. 乙女侵害了甲男的人格尊严
D. 法院不应支持甲男的赔偿请求

考点103 死者人格利益保护

391. 2014/3/22/多

欣欣美容医院在为青年女演员欢欢实施隆鼻手术过程中,因未严格消毒导致欢欢面部感染,经治愈后面部仍留下较大疤痕。欢欢因此诉诸法院,要求欣欣医院赔偿医疗费并主张精神损害赔偿。该案受理后不久,欢欢因心脏病急性发作猝死。网络名人洋洋在其博客上杜撰欢欢吸毒过量致死。下列哪些表述是错误的?②

A. 欣欣医院构成违约行为和侵权行为
B. 欢欢的继承人可继承欣欣医院对欢欢支付的精神损害赔偿金
C. 洋洋的行为侵犯了欢欢的名誉权
D. 欢欢的母亲可以欢欢的名义对洋洋提起侵权之诉

392. 2019 回忆/单

某日,甲得知前不久某路桥工程公司在朱楼村公墓附近修路时,不慎挖到了其舅舅的墓地,将其舅舅的骨灰盒碰裂。甲恼羞成怒,向公司索赔,主张精神损害赔偿100万元。公司认为,修路是为公共利益,确有碰裂事

---

① AD ② BCD(原答案为D)。原为单选题,根据新法答案有变化,调整为多选题

刷题表	时 间	题号	一刷	二刷	题号	一刷	二刷	题号	一刷	二刷	题号	一刷	二刷

实,但及时修复,不应支付高额赔偿费用。甲于是向法院起诉。对此,下列说法正确的是:①

A. 支持甲的全部请求
B. 驳回甲的诉讼请求
C. 不予受理
D. 支持甲的部分诉讼请求

第五编　婚姻家庭

专题二十六　结婚

考点104　结婚

393. 2009/3/19/多

甲男与乙女通过网聊恋爱,后乙提出分手遭甲威胁,乙无奈遂与甲办理了结婚登记。婚后乙得知,甲婚前就患有医学上不应当结婚的疾病且久治不愈,乙向法院起诉离婚。下列哪些说法是正确的?②

A. 若乙请求撤销婚姻,法院应判决撤销该婚姻
B. 法院应判决宣告该婚姻无效
C. 法院判决离婚的,乙可以请求甲赔偿损失
D. 当事人可以对法院的处理结果依法提起上诉

394. 2011/3/22/单

甲与乙登记结婚3年后,乙向法院请求确认该婚姻无效。乙提出的下列哪一理由可以成立?③

A. 乙登记结婚的实际年龄离法定婚龄相差2年
B. 甲婚前谎称是海归博士且有车有房,乙婚后发现上当受骗
C. 甲与乙是表兄妹关系
D. 甲以揭发乙父受贿为由胁迫乙结婚

395. 2018 回忆/单

大林与小林是双胞胎。大林与小芳打算在情人节当天结婚登记,

---

① C　② ACD(原答案为B)。原为单选题,根据新法答案有变化,调整为多选题　③ C

但是,大林前两天意外遭遇车祸,为不耽搁情人节当天领证,让弟弟小林顶替自己去民政局领取了结婚证。后大林在住院期间与一护士产生情愫,大林遂以非本人登记结婚为由申请法院判决宣告其与小芳的婚姻无效。对此,下列说法正确的是:①

A. 法院应判决大林与小芳的婚姻无效
B. 法院应判决撤销大林与小芳的婚姻
C. 法院应准予大林与小芳离婚
D. 法院应判决驳回大林的申请

专题二十七　家庭关系

考点105　夫妻财产关系

396． 2009/3/20/多　新法改编

甲、乙结婚的第10年,甲父去世留下遗嘱,将其拥有的一套房子留给甲,并声明该房屋只归甲一人所有。下列哪些表述是不正确的?②

A. 该房屋经过八年婚后生活即变成夫妻共有财产
B. 如甲将该房屋出租,租金为夫妻共同财产
C. 该房屋及租金均属共同财产
D. 甲、乙即使约定将该房屋变为共同财产,其协议也无效

397． 2013/3/23/单

甲乙夫妻的下列哪一项婚后增值或所得,属于夫妻共同财产?③

A. 甲婚前承包果园,婚后果树上结的果实
B. 乙婚前购买的1套房屋升值了50万元
C. 甲用婚前的10万元婚后投资股市,得利5万元
D. 乙婚前收藏的玉石升值了10万元

398． 2014/3/23/单

甲(男)、乙(女)结婚后,甲承诺,在子女出生后,将其婚前所有的一间门面房,变更登记为夫妻共同财产。后女儿丙出生,但甲不愿兑现承诺,导致夫妻感情破裂离婚,女儿丙随乙一起生活。后甲又与丁(女)结婚。未成年的丙因生重病住院急需医疗费20万元,甲与丁签订借款协议从夫妻共同财

① D　② ABCD(原答案为B)。原为单选题,根据新法答案有变化,调整为多选题　③ C

产中支取该20万元。下列哪一表述是错误的?①

A. 甲与乙离婚时,乙无权请求将门面房作为夫妻共同财产分割

B. 甲与丁的协议应视为双方约定处分共同财产

C. 如甲、丁离婚,有关医疗费按借款协议约定处理

D. 如丁不同意甲支付医疗费,甲无权要求分割共有财产

399. 2016/3/20/单

刘山峰、王翠花系老夫少妻,刘山峰婚前个人名下拥有别墅一栋。关于婚后该别墅的归属,下列哪一选项是正确的?②

A. 该别墅不可能转化为夫妻共同财产

B. 婚后该别墅自动转化为夫妻共同财产

C. 婚姻持续满八年后该别墅即依法转化为夫妻共同财产

D. 刘、王可约定婚姻持续八年后该别墅转化为夫妻共同财产

400. 2017/3/18/多

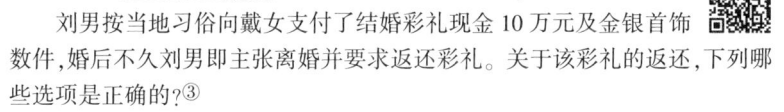

刘男按当地习俗向戴女支付了结婚彩礼现金10万元及金银首饰数件,婚后不久刘男即主张离婚并要求返还彩礼。关于该彩礼的返还,下列哪些选项是正确的?③

A. 因双方已办理结婚登记,故不能主张返还

B. 刘男主张彩礼返还,不以双方离婚为条件

C. 已办理结婚登记,未共同生活的,可主张返还

D. 已办理结婚登记,并已共同生活的,仍可主张返还

401. 2020回忆/任

秦某和妻子张某一起居住在单位公租房,后来张某去世,秦某雇佣保姆赵某照顾自己。后二人结婚,婚后秦某领取退休金10万元,购买了此房产并登记在自己名下。下列选项正确的是:④

A. 退休金属于秦某个人财产

B. 该房产属于秦某个人财产

C. 该房产属于秦某和赵某的共同房产

D. 该房产属于秦某和张某的共同房产

---

① D ② D ③ CD(原答案为C)。原为单选题,根据新法答案有变化,调整为多选题
④ C

考点 106 夫妻债务归属与清偿

402. 2008/3/17/单

王某以个人名义向张某独资设立的飞跃百货有限公司借款 10 万元,借期 1 年。不久,王某与李某登记结婚,将上述借款全部用于婚房的装修。婚后半年,王某与李某协议离婚,未对债务的偿还作出约定。下列哪一选项是正确的?①

A. 由张某向王某请求偿还
B. 由张某向王某和李某请求偿还
C. 飞跃公司只能向王某请求偿还
D. 由飞跃公司向王某和李某请求偿还

403. 2011/3/21/单

黄某与唐某自愿达成离婚协议并约定财产平均分配,婚姻关系存续期间的债务全部由唐某偿还。经查,黄某以个人名义在婚姻存续期间向刘某借款 10 万元用于购买婚房。下列哪一表述是正确的?②

A. 刘某只能要求唐某偿还 10 万元
B. 刘某只能要求黄某偿还 10 万元
C. 如黄某偿还了 10 万元,则有权向唐某追偿 10 万元
D. 如唐某偿还了 10 万元,则有权向黄某追偿 5 万元

考点 107 父母子女关系

404. 2023 回忆/多

李甲和宋某育有儿子李乙(10 岁)。二人离婚后,儿子李乙由李甲抚养。后李甲和赵某再婚,婚后半年,李甲去世,赵某以自己没有抚养能力为由不想抚养李乙。据查,离婚后宋某一直怠于行使其探望权。对此,下列哪些说法是正确的?③

A. 宋某有义务支付李乙的抚养费
B. 李甲去世后应由宋某抚养李乙
C. 离婚后宋某失去对李乙的监护权
D. 赵某与李甲结婚后自动取得李乙的监护权

---

① D ② C ③ AB

刷题表	时 间	题号	一刷	二刷	题号	一刷	二刷	题号	一刷	二刷	题号	一刷	二刷

专题二十八 离婚

考点108 协议离婚与诉讼离婚

405. 2011/3/52/多

甲与乙离婚,甲乙的子女均已成年,与乙一起生活。甲与丙再婚后购买了一套房屋,登记在甲的名下。后甲因中风不能自理,常年卧床。丙见状离家出走达3年之久。甲乙的子女和乙想要回房屋,进行法律咨询。下列哪些意见是错误的?①

A. 因房屋登记在甲的名下,故属于甲个人房产
B. 丙在甲中风后未尽妻子责任和义务,不能主张房产份额
C. 甲乙的子女可以申请宣告丙失踪
D. 甲本人向法院提交书面意见后,甲乙的子女可代理甲参与甲与丙的离婚诉讼

406. 2015/3/65/多

董楠(男)和申蓓(女)是美术学院同学,共同创作一幅油画作品《爱你一千年》。毕业后二人结婚育有一女。董楠染上吸毒恶习,未经申蓓同意变卖了《爱你一千年》,所得款项用于吸毒。因董楠恶习不改,申蓓在女儿不满1周岁时提起离婚诉讼。下列哪些说法是正确的?②

A. 申蓓虽在分娩后1年内提出离婚,法院应予受理
B. 如调解无效,应准予离婚
C. 董楠出售《爱你一千年》侵犯了申蓓的物权和著作权
D. 对董楠吸毒恶习,申蓓有权请求离婚损害赔偿

407. 2022回忆/多

孙某(男)和杜某(女)在单身派对上一见钟情。一周后,二人登记结婚。婚后,孙某、杜某经常吵架。三个月后,二人去民政局申请离婚登记。几天后,孙某反悔。下列哪些说法是正确的?③

A. 自申请离婚之日起30日之内,任何一方反悔都可撤回离婚登记申请
B. 申请离婚之日起满30日后的30日内,任何一方均可向登记机关申请发给离婚证

---

① ABC ② ABC ③ AC

C. 申请离婚之日起满30日后的30日内,若不申请发给离婚证的,视为撤回离婚申请

D. 申请离婚之日起满30日后的30日内,双方可委托他人代为申请发给离婚证

考点109 离婚后的子女抚养与探望权

408. 2016/3/65/多

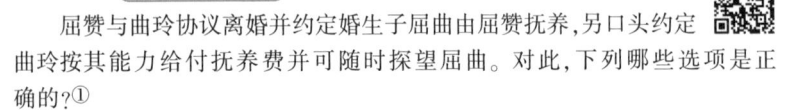

屈赞与曲玲协议离婚并约定婚生子屈曲由屈赞抚养,另口头约定曲玲按其能力给付抚养费并可随时探望屈曲。对此,下列哪些选项是正确的?①

A. 曲玲有探望权,屈赞应履行必要的协助义务

B. 曲玲连续几年对屈曲不闻不问,违背了法定的探望义务

C. 屈赞拒不履行协助曲玲探望的义务,经由裁判可依法对屈赞采取拘留、罚款等强制措施

D. 屈赞拒不履行协助曲玲探望的义务,经由裁判可依法强制从屈赞处接领屈曲与曲玲会面

409. 2021 回忆/多

韩某和关某为夫妻,育有一子韩小龙。二人离婚后,韩小龙随母亲关某生活。三年后,关某与李某结婚,未经韩某同意,将韩小龙的姓名改为了李小龙。后李小龙入学于私立学校,学费大增。下列选项哪些是正确的?②

A. 韩某可不再向李小龙支付抚养费

B. 韩小龙改名为李小龙,韩某的监护义务终止

C. 关某应为韩某探望儿子提供便利

D. 李小龙有权起诉要求韩某增加抚养费

考点110 离婚救济与赔偿请求权

410. 2009/3/66/多

2003年5月王某(男)与赵某结婚,双方书面约定婚后各自收入归个人所有。2005年10月王某用自己的收入购置一套房屋。2005年11月赵某下岗,负责照料女儿及王某的生活。2008年8月王某提出离婚,赵某得知王某与张某已同居多年。法院应支持赵某的下列哪些主张?③

① AC ② CD ③ AC

A. 赵某因抚育女儿,照顾王某生活付出较多义务,王某应予以补偿
B. 离婚后赵某没有住房,应根据公平原则判决王某购买的住房属于夫妻共同财产
C. 王某与张某同居导致离婚,应对赵某进行赔偿
D. 张某与王某同居破坏其家庭,应向赵某赔礼道歉

411. 2012/3/23/单

甲与乙结婚多年后,乙患重大疾病需要医治,甲保管夫妻共同财产但拒绝向乙提供治疗费,致乙疾病得不到及时治疗而恶化。下列哪一说法是错误的?①
A. 乙在婚姻关系存续期间,有权起诉请求分割夫妻共同财产
B. 乙有权提出离婚诉讼并请求甲损害赔偿
C. 乙在离婚诉讼中有权请求多分夫妻共同财产
D. 乙有权请求公安机关依照《治安管理处罚法》对甲予以行政处罚

412. 2016/3/19/单

钟某性情暴躁,常殴打妻子柳某,柳某经常找同村未婚男青年杜某诉苦排遣,日久生情。现柳某起诉离婚,关于钟、柳二人的离婚财产处理事宜,下列哪一选项是正确的?②
A. 针对钟某家庭暴力,柳某不能向其主张损害赔偿
B. 针对钟某家庭暴力,柳某不能向其主张精神损害赔偿
C. 如柳某婚内与杜某同居,则柳某不能向钟某主张损害赔偿
D. 如柳某婚内与杜某同居,则钟某可以向柳某主张损害赔偿

考点 111 离婚夫妻共同财产的分割

413. 2010/3/66/多

甲、乙因离婚诉至法院,要求分割实为共同财产而以甲的名义对丙合伙企业的投资。诉讼中,甲、乙经协商,甲同意将其在丙合伙企业中的财产份额转让给乙。法院对此作出处理,下列哪些选项是正确的?③
A. 其他三分之二以上合伙人同意转让的,乙取得合伙人地位
B. 其他合伙人不同意转让,在同等条件下行使优先受让权的,可对转让所得的财产进行分割
C. 其他合伙人不同意转让,也不行使优先受让权,但同意甲退伙或退还

---

① C ② C ③ BCD

其财产份额的,可对退伙财产进行分割
D. 其他合伙人对转让、退伙、退还财产均不同意,也不行使优先受让权的,视为全体合伙人同意转让,乙依法取得合伙人地位

414． 2008/3/68/多

甲、乙结婚多年,因甲沉迷于网络游戏,双方协议离婚,甲同意家庭的主要财产由乙取得。离婚后不久,乙发现甲曾在婚姻存续期间私自购买了两处房产并登记在自己名下,于是起诉甲,要求再次分割房产并要求甲承担损害赔偿责任。下列哪些选项是正确的?①

A. 乙无权要求甲承担损害赔偿责任
B. 法院应当将两处房产都判给乙
C. 请求分割房产的诉讼时效,为乙发现或者应当发现甲的隐藏财产行为之日起两年
D. 若法院判决乙分得房产,则乙在判决生效之日即取得房屋所有权

415． 2016/3/18/单

乙起诉离婚时,才得知丈夫甲此前已着手隐匿并转移财产。关于甲、乙离婚的财产分割,下列哪一选项是错误的?②

A. 甲隐匿转移财产,分割财产时可少分或不分
B. 就履行离婚财产分割协议事宜发生纠纷,乙可再起诉
C. 离婚后发现甲还隐匿其他共同财产,乙可另诉再次分割财产
D. 离婚后因发现甲还隐匿其他共同财产,乙再行起诉不受诉讼时效限制

专题二十九　收养

考点112 收养

416． 2008/3/18/单

吴某(女)16岁,父母去世后无其他近亲,吴某的舅舅孙某(50岁,离异,有一个19岁的儿子)提出愿将吴某收养。孙某咨询律师收养是否合法,律师的下列哪一项答复是正确的?③

A. 吴某已满16岁,不能再被收养
B. 孙某与吴某年龄相差未超过40岁,不能收养吴某

---

① AD ② D ③ D

C. 孙某已有子女,不能收养吴某

D. 孙某可以收养吴某

417. 2017/3/19/多

小强现年9周岁,生父谭某已故,生母徐某虽有抚养能力,但因准备再婚决定将其送养。徐某的姐姐要求收养,其系华侨富商,除已育有一子外符合收养人的其他条件;谭某父母为退休教师,也要求抚养。下列哪些选项是正确的?①

A. 徐某因有抚养能力不能将小强送其姐姐收养

B. 徐某的姐姐因有子女不能收养小强

C. 谭某父母有优先抚养的权利

D. 收养应征得小强同意

418. 2022 回忆/单

甲(男,29岁)和乙(女,31岁)再婚。甲与前妻育有一子3岁、一女5岁,乙与前夫育有一女5岁、一女7岁。经甲的前妻和乙的前夫同意,甲、乙决定收养所有子女,组成6人家庭。下列哪一说法是正确的?②

A. 即使甲的前妻或乙的前夫有能力抚养子女,甲、乙也能收养全部子女

B. 甲只能收养乙的女儿中的一个

C. 乙已有两个女儿,不能收养甲的子女

D. 甲未满30岁,不能收养乙的女儿

第六编 继 承

专题三十 继承概述

考点113 继承权的放弃、丧失与保护

419. 2011/3/23/多

下列哪些行为不可引起放弃继承权的后果?③

A. 张某口头放弃继承权,本人承认

---

① CD(原答案为 C)。原为单选题,根据新法答案有变化,调整为多选题 ② A ③ ABCD。原为单选题,根据新法答案有变化,调整为多选题

B. 王某在遗产分割后放弃继承权
C. 李某以不再赡养父母为前提,书面表示放弃其对父母的继承权
D. 赵某与父亲共同发表书面声明断绝父子关系

专题三十一　法定继承

考点114　法定继承人的范围和继承顺序

420. 2009/3/68/多

钱某与胡某婚后生有子女甲和乙,后钱某与胡某离婚,甲、乙归胡某抚养。胡某与吴某结婚,当时甲已参加工作而乙尚未成年,乙跟胡某与吴某居住,后胡某与吴某生下一女丙,吴某与前妻生有一子丁。钱某和吴某先后去世,下列哪些说法是正确的?①

A. 胡某、甲、乙可以继承钱某的遗产
B. 甲和乙可以继承吴某的遗产
C. 胡某和丙可以继承吴某的遗产
D. 乙和丁可以继承吴某的遗产

421. 2014/3/65/多

甲(男)与乙(女)结婚,其子小明20周岁时,甲与乙离婚。后甲与丙(女)再婚,丙子小亮8周岁,随甲、丙共同生活。小亮成年成家后,甲与丙甚感孤寂,收养孤儿小光为养子,视同己出,未办理收养手续。丙去世,其遗产的第一顺序继承人有哪些?②

A. 小明　　　　　　　B. 小亮
C. 甲　　　　　　　　D. 小光

422. 2016/3/66/多

熊某与杨某结婚后,杨某与前夫所生之子小强由二人一直抚养,熊某死亡,未立遗嘱。熊某去世前杨某孕有一对龙凤胎,于熊某死后生产,产出时男婴为死体,女婴为活体但旋即死亡。关于对熊某遗产的继承,下列哪些选项是正确的?③

A. 杨某、小强均是第一顺位的法定继承人
B. 女婴死亡后,应当发生法定的代位继承
C. 为男婴保留的遗产份额由杨某、小强继承

---

① CD　② BC　③ AD(原答案为ACD)

148

D. 为女婴保留的遗产份额由杨某继承

423. 2023 回忆/仕

徐某与周某育有一子小磊,两人离婚后,小磊随母亲周某去国外生活,很少回来看望徐某。后徐某与王某结婚,王某与前夫之女小美同二人一起生活。小美10周岁时,徐某和王某离婚,小美跟随王某生活,徐某不再照顾小美。徐某晚年一直由侄子大志照顾。现徐某去世,未留下遗嘱。小磊、小美与大志都要求分配徐某的遗产。对此,下列说法正确的是:①

A. 大志是徐某的法定继承人,有权参与遗产分配
B. 小美是徐某的法定继承人,有权参与遗产分配
C. 虽然小磊未尽赡养义务,但其仍享有继承权
D. 大志因赡养徐某较多,应当分得适当遗产

考点115 法定继承中遗产的分配

424. 2010/3/67/多

郭大爷女儿五年前病故,留下一子甲。女婿乙一直与郭大爷共同生活,尽了主要赡养义务。郭大爷继子丙虽然与其无扶养关系,但也不时从外地回来探望。郭大爷还有一丧失劳动能力的养子丁。郭大爷病故,关于其遗产的继承,下列哪些选项是正确的?②

A. 甲为第一顺序继承人
B. 乙在分配财产时,可多分
C. 丙无权继承遗产
D. 分配遗产时应该对丁予以照顾

考点116 代位继承与转继承

425. 2007/3/68/多

李某死后留下一套房屋和数十万存款,生前未立遗嘱。李某有三个女儿,并收养了一子。大女儿中年病故,留下一子。养子收入丰厚,却拒绝赡养李某。在两个女儿办理丧事期间,小女儿因交通事故意外身亡,留下一女。下列哪些选项是正确的?③

A. 二女儿和小女儿之女均是第一顺序继承人
B. 大女儿之子对李某遗产的继承属于代位继承

① C ② ABCD ③ BCD

· 149 ·

C. 小女儿之女属于转继承人

D. 分配遗产时,养子应当不分或少分

426. 2011/3/65/多

张某李某系夫妻,生有一子张甲和一女张乙。张甲于 2007 年意外去世,有一女丙。张某在 2010 年死亡,生前拥有个人房产一套,遗嘱将该房产处分给李某。关于该房产的继承,下列哪些表述是正确的?①

A. 李某可以通过张某的遗嘱继承该房产

B. 丙可以通过代位继承要求对该房产进行遗产分割

C. 继承人自张某死亡时取得该房产所有权

D. 继承人自该房产变更登记后取得所有权

427. 2012/3/66/多

甲育有二子乙和丙。甲生前立下遗嘱,其个人所有的房屋死后由乙继承。乙与丁结婚,并有一女戊。乙因病先于甲死亡后,丁接替乙赡养甲。丙未婚。甲死亡后遗有房屋和现金。下列哪些表述是正确的?②

A. 戊可代位继承

B. 戊、丁无权继承现金

C. 丙、丁为第一顺序继承人

D. 丙无权继承房屋

428. 2013/3/66/多

甲自书遗嘱将所有遗产全部留给长子乙,并明确次子丙不能继承。乙与丁婚后育有一女戊、一子己。后乙、丁遇车祸,死亡先后时间不能确定。甲悲痛成疾,不久去世。丁母健在。下列哪些表述是正确的?③

A. 甲、戊、己有权继承乙的遗产

B. 丁母有权转继承乙的遗产

C. 戊、己、丁母有权继承丁的遗产

D. 丙有权继承、戊和己有权代位继承甲的遗产

429. 2021 回忆/多

甄某育有一子甄伟和一女甄美。甄美和前夫秦某育有一女秦好,和甄美一起生活。后甄美和岳某再婚。岳某和前妻育有一子岳猛,和岳某一

① AC ② AC ③ ACD

起生活。2020年1月,甄美死亡。其后不久,甄某去世,留下3套房产。对此3套房产,下列哪些人有资格继承?①

A. 甄伟　　　　　　　　B. 秦好
C. 岳某　　　　　　　　D. 岳猛

专题三十二　遗嘱继承、遗赠和遗赠扶养协议

考点117 遗嘱继承

430. 2014/3/24/单

甲有乙、丙和丁三个女儿。甲于2013年1月1日亲笔书写一份遗嘱,写明其全部遗产由乙继承,并签名和注明年月日。同年3月2日,甲又请张律师代书一份遗嘱,写明其全部遗产由丙继承。同年5月3日,甲因病被丁送至医院急救,甲又立口头遗嘱一份,内容是其全部遗产由丁继承,在场的赵医生和李护士见证。甲病好转后出院休养,未立新遗嘱。如甲死亡,下列哪一选项是甲遗产的继承权人?②

A. 乙　　　　　　　　　B. 丙
C. 丁　　　　　　　　　D. 乙、丙、丁

431. 2015/3/21/单

老夫妇王冬与张霞有一子王希、一女王楠,王希婚后育有一子王小力。王冬和张霞曾约定,自家的门面房和住房属于王冬所有。2012年8月9日,王冬办理了公证遗嘱,确定门面房由张霞和王希共同继承。2013年7月10日,王冬将门面房卖给他人并办理了过户手续。2013年12月,王冬去世,不久王希也去世。关于住房和出售门面房价款的继承,下列哪一说法是错误的?③

A. 张霞有部分继承权
B. 王楠有部分继承权
C. 王小力有部分继承权
D. 王小力对住房有部分继承权、对出售门面房的价款有全部继承权

432. 2017/3/66/多

韩某于2017年3月病故,留有住房1套、存款50万元、名人字画

---

① AB　② A　③ D

| 刷题表 | 时　间 | 题号 | 一刷 | 二刷 | 题号 | 一刷 | 二刷 | 题号 | 一刷 | 二刷 | 题号 | 一刷 | 二刷 |

10余幅及某有限责任公司股权等遗产。韩某在2014年所立第一份自书遗嘱中表示全部遗产由其长子韩大继承。在2015年所立第二份自书遗嘱中,韩某表示其死后公司股权和名人字画留给7岁的外孙女婷婷。2017年6月,韩大在未办理韩某遗留房屋所有权变更登记的情况下以自己的名义与陈卫订立了商品房买卖合同。下列哪些选项是错误的?①

A. 韩某的第一份遗嘱失效
B. 韩某的第二份遗嘱无效
C. 韩大与陈卫订立的商品房买卖合同无效
D. 婷婷不能取得某有限责任公司股东资格

433. 2022 回忆/多

甲致乙重伤残疾,向乙支付了赔偿金。不久,乙立自书遗嘱,房屋、存款均由女儿丙继承,儿子丁不继承。丁以杀害丙相威胁,虽未遂,但乙还是更改了遗嘱,将所有财产均由丁继承。后乙病重送到医院抢救未成功,死前由两名护士见证,口头设立遗嘱:房屋归丙,存款丙、丁一人一半。下列选项是正确的?②

A. 赔偿金由丙继承
B. 丁可以继承全部赔偿金
C. 房屋由丙继承
D. 存款由丙、丁按一人一半继承

考点118 遗赠扶养协议

434. 2010/3/19/单

甲妻病故,膝下无子女,养子乙成年后常年在外地工作。甲与村委会签订遗赠扶养协议,约定甲的生养死葬由村委会负责,死后遗产归村委会所有。后甲又自书一份遗嘱,将其全部财产赠与侄子丙。甲死后,乙就甲的遗产与村委会以及丙发生争议。对此,下列哪一选项是正确的?③

A. 甲的遗产应归村委会所有
B. 甲所立遗嘱应予撤销
C. 村委会、乙和丙共同分割遗产,村委会可适当多分
D. 村委会和丙平分遗产,乙无权分得任何遗产

435. 2012/3/24/单

甲与保姆乙约定:甲生前由乙照料,死后遗产全归乙。乙一直细

① ABCD　② AC　③ A

· 152 ·

心照料甲。后甲女儿丙回国,与乙一起照料甲,半年后甲去世。丙认为自己是第一顺序继承人,且尽了义务,主张甲、乙约定无效。下列哪一表述是正确的?①

A. 遗赠扶养协议有效
B. 协议部分无效,丙可以继承甲的一半遗产
C. 协议无效,应按法定继承处理
D. 协议有效,应按遗嘱继承处理

专题三十三　遗产的处理

考点119　遗产的范围

436. (2012/3/22/单)

甲在乙寺院出家修行,立下遗嘱,将下列财产分配给女儿丙:乙寺院出资购买并登记在甲名下的房产;甲以僧人身份注册的微博账号;甲撰写《金刚经解说》的发表权;甲的个人存款。甲死后,在遗产分割上乙寺院与丙之间发生争议。下列哪一说法是正确的?②

A. 房屋虽然登记在甲名下,但甲并非事实上所有权人,其房产应归寺院所有
B. 甲以僧人身份注册的微博账号,目的是为推广佛法理念,其微博账号应归寺院所有
C. 甲撰写的《金刚经解说》属于职务作品,为保护寺院的利益,其发表权应归寺院所有
D. 甲既已出家,四大皆空,个人存款应属寺院财产,为维护宗教事业发展,其个人存款应归寺院所有

437. (2013/3/24/单)

甲与乙结婚,女儿丙三岁时,甲因医疗事故死亡,获得60万元赔款。甲生前留有遗书,载明其死亡后的全部财产由其母丁继承。经查,甲与乙婚后除共同购买了一套住房外,另有20万元存款。下列哪一说法是正确的?③

A. 60万元赔款属于遗产
B. 甲的遗嘱未保留丙的遗产份额,遗嘱全部无效
C. 住房和存款的各一半属于遗产
D. 乙有权继承甲的遗产

---

① A　② A　③ C

| 刷题表 | 时　间 | 题号 | 一刷 | 二刷 | 题号 | 一刷 | 二刷 | 题号 | 一刷 | 二刷 | 题号 | 一刷 | 二刷 |

考点 120　遗产的分割与债务清偿

438. 2009/3/67/多

何某死后留下一间价值六万元的房屋和四万元现金。何某立有遗嘱,四万元现金由四个子女平分,房屋的归属未作处理。何某女儿主动提出放弃对房屋的继承权,于是三个儿子将房屋变卖,每人分得两万元。现债权人主张何某生前曾向其借款 12 万元,并有借据为证。下列哪些说法是错误的?①

A. 何某已死,债权债务关系消灭

B. 四个子女平均分担,每人偿还三万元

C. 四个子女各自以继承所得用于清偿债务,剩下两万元由四人平均分担

D. 四个子女各自以继承所得用于清偿债务,剩下两万元四人可以不予清偿

第七编　侵权责任

专题三十四　侵权责任概述

考点 121　侵权责任与免责

439. 2011/3/89/任

甲公司与乙公司约定,由甲公司向乙公司交付 1 吨药材,乙公司付款 100 万元。乙公司将药材转卖给丙公司,并约定由甲公司向丙公司交付,丙公司收货后 3 日内应向乙支付价款 120 万元。

张某以自有汽车为乙公司的债权提供抵押担保,未办理抵押登记。抵押合同约定:"在丙公司不付款时,乙公司有权就出卖该汽车的价款清偿自己的债权。"李某为这笔货款出具担保函:"在丙公司不付款时,由李某承担保证责任"。丙公司收到药材后未依约向乙公司支付 120 万元,乙公司向张某主张实现抵押权,同时要求李某承担保证责任。

张某见状,便将其汽车赠与刘某。刘某将该汽车作为出资,与钱某设立丁酒店有限责任公司,并办理完出资手续。

丁公司员工方某驾驶该车接送酒店客人时,为躲避一辆逆行摩托车,将行人赵某撞伤。方某自行决定以丁公司名义将该车放在戊公司维修,为获得

① ABC

维修费的八折优惠,方某以其名义在与戊公司相关的庚公司为该车购买一套全新座垫。汽车修好后,方某将车取走交丁公司投入运营。戊公司要求丁公司支付维修费,否则对汽车行使留置权,丁公司回函请宽限一周。庚公司要求丁公司支付座垫费,丁公司拒绝。

关于对赵某的损害应承担侵权责任的主体,下列选项正确的是:①

A. 方某　　　　　　　　B. 钱某和刘某
C. 丁公司　　　　　　　D. 摩托车主

440. 2013/3/1/单

兹有四个事例:①张某驾车违章发生交通事故致搭车的李某残疾;②唐某参加王某组织的自助登山活动因雪崩死亡;③吴某与人打赌举重物因用力过猛致残;④何某心情不好邀好友郑某喝酒,郑某畅饮后驾车撞树致死。根据公平正义的法治理念和民法有关规定,下列哪一观点可以成立?②

A. ①张某与李某未形成民事法律关系合意,如让张某承担赔偿责任,是惩善扬恶,显属不当
B. ②唐某应自担风险,如让王某承担赔偿责任,有违公平
C. ③吴某有完整意思能力,其自担损失,是非清楚
D. ④何某虽有召集但未劝酒,无需承担责任,方能兼顾法理与情理

441. 2017/3/23/单

刘婆婆回家途中,看见邻居肖婆婆带着外孙小勇和另一家邻居的孩子小囡(均为4岁多)在小区花园中玩耍,便上前拿出几根香蕉递给小勇,随后离去。小勇接过香蕉后,递给小囡一根,小囡吞食时误入气管导致休克,经抢救无效死亡。对此,下列哪一选项是正确的?③

A. 刘婆婆应对小囡的死亡承担民事责任
B. 肖婆婆应对小囡的死亡承担民事责任
C. 小勇的父母应对小囡的死亡承担民事责任
D. 属意外事件,不产生相关人员的过错责任

442. 2017/3/22/单

姚某旅游途中,前往玉石市场参观,在唐某经营的摊位上拿起一只翡翠手镯,经唐某同意后试戴,并问价。唐某报价18万元(实际进货价8

① D ② B ③ D

万元,市价9万元),姚某感觉价格太高,急忙取下,不慎将手镯摔断。关于姚某的赔偿责任,下列哪一选项是正确的?①

A. 应承担违约责任
B. 应赔偿唐某8万元损失
C. 应赔偿唐某9万元损失
D. 应赔偿唐某18万元损失

443. 2018 回忆/单

甲遭到恶狗追咬,路人乙上前相救,情急之下,拿了路人丙的雨伞与恶狗搏斗,乙被狗咬伤,造成医疗费若干,雨伞也被打坏。经查,狗为丁所有,无赔偿能力。下列哪一选项是正确的?②

A. 乙有权请求甲予以适当补偿
B. 乙有权请求甲赔偿损失
C. 丙有权请求乙给予适当补偿
D. 丙有权请求甲给予适当补偿

444. 2020 回忆/单

甲在集市上抢夺乙的钱包后逃离,路人丙上前帮忙追赶甲。追至一条铁路旁,甲沿路轨奔逃,丙紧追不舍。此时一列火车迎面疾驰而来,甲未及反应被撞身亡,丙因急忙跳下路轨而造成骨折。下列哪一项说法是正确的?③

A. 丙应对甲的死亡承担过错责任
B. 丙可请乙给予适当补偿
C. 乙应对甲的死亡承担公平责任
D. 丙应对甲的死亡承担公平责任

445. 2020 回忆/多

甲乙二人在某游泳馆玩耍时,决定测试下游泳馆的救援能力。于是二人在距离救生员最远处的泳池一角假装溺水求救。正巧路过泳池去更衣室的丙见状,立即跳进水中救援。后发现甲乙二人并未溺水,但丙却因未来得及换衣服,导致裤兜里的手机泡水损坏。关于丙的行为及损失,下列哪些选项是正确的?④

A. 丙属于自甘风险,不能向任何人主张任何权利

① C ② A ③ B ④ CD

B. 游泳馆违反安全保障义务,应对丙予以赔偿
C. 丙因保护他人权益受损,可请求甲乙给予适当补偿
D. 丙构成无因管理,可请求甲乙给予适当补偿

考点122 数人侵权

446. 2009/3/70/多

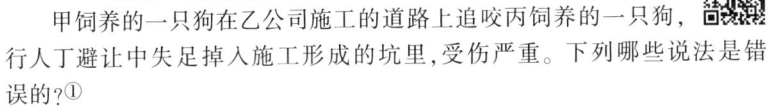

甲饲养的一只狗在乙公司施工的道路上追咬丙饲养的一只狗,行人丁避让中失足掉入施工形成的坑里,受伤严重。下列哪些说法是错误的?①

A. 如甲能证明自己没有过错,不应承担对丁的赔偿责任
B. 如乙能证明自己没有过错,不应承担对丁的赔偿责任
C. 如丙能证明自己没有过错,不应承担对丁的赔偿责任
D. 此属意外事件,甲、乙、丙均不应承担对丁的赔偿责任

447. 2017/3/67/多

甲、乙、丙三家毗邻而居,甲、乙分别饲养山羊各一只。某日二羊走脱,将丙辛苦栽培的珍稀药材悉数啃光。关于甲、乙的责任,下列哪些选项是正确的?②

A. 甲、乙可各自通过证明已尽到管理职责而免责
B. 基于共同致害行为,甲、乙应承担连带责任
C. 如能确定二羊各自啃食的数量,则甲、乙各承担相应赔偿责任
D. 如不能确定二羊各自啃食的数量,则甲、乙平均承担赔偿责任

448. 2023 回忆/多

甲、乙、丙、丁四人合谋共同将戊打伤,戊花费医药费1万元。甲取得了戊的谅解,戊表示不会起诉甲也不会追究甲的责任。后戊向法院起诉了乙、丙、丁。乙表示不论法院判决自己赔偿多少,都愿意先行赔付戊所有损失,再向其他人追偿。对此,下列哪些说法是正确的?③

A. 甲、乙、丙、丁成立共同侵权,应承担连带责任
B. 乙赔偿戊所有损失后,可以向丙、丁分别追偿2500元
C. 戊若免除甲的责任,法院应在判决书中注明
D. 法院应将甲追加为共同被告

---

① ACD ② CD ③ AB

刷题表	时间	题号	一刷	二刷	题号	一刷	二刷	题号	一刷	二刷	题号	一刷	二刷

专题三十五 特殊侵权责任

考点123 用人单位责任

449. 2010/3/70/多

甲公司为劳务派遣单位,根据合同约定向乙公司派遣搬运工。搬运工丙脾气暴躁常与人争吵,乙公司要求甲公司更换丙或对其教育管理,甲公司不予理会。一天,乙公司安排丙为顾客丁免费搬运电视机,丙与丁发生激烈争吵故意摔坏电视机。对此,下列哪些说法是错误的?①
 A. 甲公司和乙公司承担连带赔偿责任
 B. 甲公司承担赔偿责任,乙公司承担补充责任
 C. 甲公司和丙承担连带赔偿责任
 D. 丙承担赔偿责任,甲公司承担补充责任

450. 2013/3/67/多

甲赴宴饮酒,遂由有驾照的乙代驾其车,乙违章撞伤丙。交管部门认定乙负全责。以下假定情形中对丙的赔偿责任,哪些表述是正确的?②
 A. 如乙是与甲一同赴宴的好友,乙不承担赔偿责任
 B. 如乙是代驾公司派出的驾驶员,该公司应承担赔偿责任
 C. 如乙是酒店雇佣的为饮酒客人提供代驾服务的驾驶员,乙不承担赔偿责任
 D. 如乙是出租车公司驾驶员,公司明文禁止代驾,乙为获高额报酬而代驾,乙应承担赔偿责任

451. 2014/3/21/多

甲电器销售公司的安装工人李某在为消费者黄某安装空调的过程中,不慎从高处掉落安装工具,将路人王某砸成重伤。李某是乙公司的劳务派遣人员,此前曾多次发生类似小事故,甲公司曾要求乙公司另派他人,但乙公司未予换人。下列哪些选项是错误的?③
 A. 对王某的赔偿责任应由李某承担,黄某承担补充责任

---

① ABCD ② BC ③ ABCD(原答案为B)。原为单选题,根据新法答案有变化,调整为多选题

B. 对王某的赔偿责任应由甲公司承担,乙公司承担补充责任

C. 甲公司与乙公司应对王某承担连带赔偿责任

D. 对王某的赔偿责任承担应采用过错责任原则

考点 124 个人劳务关系中的侵权责任

452. 2009/3/22/单

甲在乙承包的水库游泳,乙的雇工丙、丁误以为甲在偷鱼苗将甲打伤。下列哪一说法是正确的?①

A. 乙、丙、丁应承担连带责任

B. 丙、丁应先赔偿甲的损失,再向乙追偿

C. 只能由丙、丁承担连带责任

D. 只能由乙承担赔偿责任

453. 2012/3/21/单

甲聘请乙负责照看小孩,丙聘请丁做家务。甲和丙为邻居,乙和丁为好友。一日,甲突生急病昏迷不醒,乙联系不上甲的亲属,急将甲送往医院,并将甲的小孩委托给丁临时照看。丁疏于照看,致甲的小孩在玩耍中受伤。下列哪一说法是正确的?②

A. 乙将甲送往医院的行为属于无因管理

B. 丁照看小孩的行为属于无因管理,不构成侵权行为

C. 丙应当承担甲小孩的医疗费

D. 乙和丁对甲小孩的医疗费承担连带责任

考点 125 帮工侵权责任

454. 2014/3/66/多

甲家盖房,邻居乙、丙前来帮忙。施工中,丙因失误从高处摔下受伤,乙不小心撞伤小孩丁。下列哪些表述是正确的?③

A. 对丙的损害,甲应承担赔偿责任,但可减轻其责任

B. 对丙的损害,甲不承担赔偿责任,但可在受益范围内予以适当补偿

C. 对丁的损害,甲应承担赔偿责任

D. 对丁的损害,甲应承担补充赔偿责任

---

① D(原答案为A)　② A　③ AC

| 刷题表 | 时　间 | 题号 | 一刷 | 二刷 | 题号 | 一刷 | 二刷 | 题号 | 一刷 | 二刷 | 题号 | 一刷 | 二刷 |

考点126 违反安全保障义务的侵权责任

455． 2012/3/67/多

小偷甲在某商场窃得乙的钱包后逃跑,乙发现后急追。甲逃跑中撞上欲借用商场厕所的丙,因商场地板湿滑,丙摔成重伤。下列哪些说法是错误的？①

A. 小偷甲应当赔偿丙的损失
B. 商场须对丙的损失承担补充赔偿责任
C. 乙应适当补偿丙的损失
D. 甲和商场对丙的损失承担连带责任

456． 2015/3/23/单

某洗浴中心大堂处有醒目提示语:"到店洗浴客人的贵重物品,请放前台保管"。甲在更衣时因地滑摔成重伤,并摔碎了手上价值20万元的定情信物玉镯。经查明:因该中心雇用的清洁工乙清洁不彻底,地面湿滑导致甲摔倒。下列哪一选项是正确的？②

A. 甲应自行承担玉镯损失
B. 洗浴中心应承担玉镯的全部损失
C. 甲有权请求洗浴中心赔偿精神损害
D. 洗浴中心和乙对甲的损害承担连带责任

457． 2019 回忆/任

某校研究生陈某下课后发现电梯人多拥挤便选择走楼梯,在下楼过程中由于陈某专注玩手机而失足摔倒,造成擦伤和中度脑震荡。关于陈某的损害,下列说法正确的是：③

A. 电梯设置不合理,学校负全部责任
B. 学校未尽到安全保障义务,应负全部责任
C. 陈某与学校均有过错,各自承担与其过错相应的责任
D. 陈某因玩手机而失足摔倒,应责任自负

458． 2021 回忆/多

杨家村是一处新开发的旅游景点,有很多杨梅树,在景点游览内容中,未提供杨梅采摘的旅游项目,也没有设置禁止采摘的指示牌。游客范某路过位于景区内的魏某家,发现院子里有杨梅树,问路过的李某是否可以采

---

① CD　② C　③ D

摘,李某说没人管。范某就爬到树上采摘杨梅,不慎跌伤。下列哪些说法是正确的?①

A. 杨家村不承担范某的损失
B. 李某应承担部分赔偿责任
C. 范某应自行承担后果
D. 魏某不是游客的安保义务人

考点127 网络侵权责任

459. 2010/3/23/单

甲、乙是同事,因工作争执甲对乙不满,写了一份丑化乙的短文发布在丙网站。乙发现后要求丙删除,丙不予理会,致使乙遭受的损害扩大。关于扩大损害部分的责任承担,下列哪一说法是正确的?②

A. 甲承担全部责任
B. 丙承担全部责任
C. 甲和丙承担连带责任
D. 甲和丙承担按份责任

460. 2022回忆/多

丙公司是一家搜索引擎运营商,旗下拥有搜索广告业务。甲公司购买了上述服务,并以同行业知名企业乙公司的名称为搜索关键词进行商业推广。若通过丙公司搜索引擎搜索乙公司名称,结果页面前两条词条均指向甲公司,而乙公司的官网词条却相对靠后。乙公司认为甲、丙公司侵犯了其名称权,要求停止侵权,并赔偿损失。下列哪些选项是正确的?③

A. 甲公司的行为属于不正当竞争行为
B. 若丙公司接到乙公司被侵权的通知后,立刻采取了删除措施,则不构成侵权
C. 丙公司应对侵权承担连带责任
D. 乙公司可以请求停止侵害,此权利不受诉讼时效限制

考点128 监护人责任

461. 2015/3/24/单

甲的儿子乙(8岁)因遗嘱继承了祖父遗产10万元。某日,乙玩

① ACD ② C ③ ACD

耍时将另一小朋友丙的眼睛划伤。丙的监护人要求甲承担赔偿责任2万元。后法院查明,甲已尽到监护职责。下列哪一说法是正确的?①

A. 因乙的财产足以赔偿丙,故不需用甲的财产赔偿
B. 甲已尽到监护职责,无需承担侵权责任
C. 用乙的财产向丙赔偿,乙赔偿后可在甲应承担的份额内向甲追偿
D. 应由甲直接赔偿,否则会损害被监护人乙的利益

考点 129 教育机构的侵权责任

462． 2008/3/64/多

小牛在从甲小学放学回家的路上,将石块扔向路上正常行驶的出租车,致使乘客张某受伤,张某经治疗后脸上仍留下一块大伤疤。出租车为乙公司所有。下列哪些选项是错误的?②

A. 张某有权要求乙公司赔偿医药费及精神损害
B. 甲小学和乙公司应向张某承担连带赔偿责任
C. 张某有权要求甲小学赔偿医疗费及精神损害
D. 张某有权要求小牛的监护人赔偿医疗费及精神损害

463． 2009/3/23/单

某小学组织春游,队伍行进中某班班主任张某和其他教师闲谈,未跟进照顾本班学生。该班学生李某私自离队购买食物,与小贩刘某发生争执被打伤。对李某的人身损害,下列哪一说法是正确的?③

A. 刘某应承担赔偿责任
B. 某小学应承担赔偿责任
C. 某小学应与刘某承担连带赔偿责任
D. 刘某应承担赔偿责任,某小学应承担相应的补充赔偿责任

考点 130 产品责任

464． 2010/3/21/单

大学生甲在寝室复习功课,隔壁寝室的学生乙、丙到甲寝室强烈要求甲打开电视观看足球比赛,甲只好照办。由于质量问题,电视机突然爆炸,甲乙丙三人均受重伤。关于三人遭受的损害,下列哪一选项是正确的?④

A. 甲可要求电视机的销售者承担赔偿责任

---

① A ② BC(原答案为ABC) ③ D ④ A

B. 甲可要求乙、丙承担损害赔偿责任
C. 乙、丙无权要求电视机的销售者承担赔偿责任
D. 乙、丙有权要求甲承担损害赔偿责任

465. 2011/3/67/多

甲系某品牌汽车制造商,发现已投入流通的某款车型刹车系统存在技术缺陷,即通过媒体和销售商发布召回该款车进行技术处理的通知。乙购买该车,看到通知后立即驱车前往丙销售公司,途中因刹车系统失灵撞上大树,造成伤害。下列哪些说法是正确的?①

A. 乙有权请求甲承担赔偿责任
B. 乙有权请求丙承担赔偿责任
C. 乙有权请求惩罚性赔偿
D. 甲的责任是无过错责任

466. 2013/3/15/单

李某用100元从甲商场购买一只电热壶,使用时因漏电致李某手臂灼伤,花去医药费500元。经查该电热壶是乙厂生产的。下列哪一表述是正确的?②

A. 李某可直接起诉乙厂要求其赔偿500元损失
B. 根据合同相对性原理,李某只能要求甲商场赔偿500元损失
C. 如李某起诉甲商场,则甲商场的赔偿范围以100元为限
D. 李某只能要求甲商场更换电热壶,500元损失则只能要求乙厂承担

考点131 医疗损害责任

467. 2016/3/23/单

田某突发重病神志不清,田父将其送至医院,医院使用进口医疗器械实施手术,手术失败,田某死亡。田父认为医院在诊疗过程中存在一系列违规操作,应对田某的死亡承担赔偿责任。关于本案,下列哪一选项是正确的?③

A. 医疗损害适用过错责任原则,由患方承担举证责任
B. 医院实施该手术,无法取得田某的同意,可自主决定
C. 如因医疗器械缺陷致损,患方只能向生产者主张赔偿
D. 医院有权拒绝提供相关病历,且不会因此承担不利后果

① ABCD(原答案为ABD) ② A ③ A

考点132 机动车道路交通事故责任

468. 2009/3/69/多 新法改编

某机关法定代表人甲安排驾驶员乙开车执行公务,乙以身体不适为由拒绝。甲遂临时安排丙出车,丙在途中将闯红灯的行人丁撞成重伤,花去医疗费5万元。有关部门认定丙和丁对事故的发生承担同等责任。关于丁人身损害赔偿责任的承担,下列哪些表述是错误的?①

A. 甲用人不当应当承担部分赔偿责任

B. 乙不服从领导安排应当承担部分赔偿责任

C. 丙有过错应当承担部分赔偿责任

D. 该机关应当承担全部医疗费用

469. 2010/3/24/单

甲为父亲祝寿宴请亲友,请乙帮忙买酒,乙骑摩托车回村途中被货车撞成重伤,公安部门认定货车司机丙承担全部责任。经查:丙无赔偿能力。丁为货车车主,该货车一年前被盗,未买任何保险。关于乙人身损害的赔偿责任承担,下列哪一选项是正确的?②

A. 甲承担全部赔偿责任

B. 甲予以适当补偿

C. 丁承担全部赔偿责任

D. 丁予以适当补偿

470. 2011/3/6/单

周某从迅达汽车贸易公司购买了1辆车,约定周某试用10天,试用期满后3天内办理登记过户手续。试用期间,周某违反交通规则将李某撞成重伤。现周某困难,无力赔偿。关于李某受到的损害,下列哪一表述是正确的?③

A. 因在试用期间该车未交付,李某有权请求迅达公司赔偿

B. 因该汽车未过户,不知该汽车已经出卖,李某有权请求迅达公司赔偿

C. 李某有权请求周某赔偿,因周某是该汽车的使用人

D. 李某有权请求周某和迅达公司承担连带赔偿责任,因周某和迅达公司是共同侵权人

① ABCD ② B ③ C

刷题表	时间	题号	一刷	二刷	题号	一刷	二刷	题号	一刷	二刷	题号	一刷	二刷

考点 133 环境污染和生态破坏责任

471. 2015/3/22/单

甲、乙、丙三家公司生产三种不同的化工产品,生产场地的排污口相邻。某年,当地大旱导致河水水位大幅下降,三家公司排放的污水混合发生化学反应,产生有毒物质致使河流下游丁养殖场的鱼类大量死亡。经查明,三家公司排放的污水均分别经过处理且符合国家排放标准。后丁养殖场向三家公司索赔。下列哪一选项是正确的?①

A. 三家公司均无过错,不承担赔偿责任
B. 三家公司对丁养殖场的损害承担连带责任
C. 本案的诉讼时效是 2 年
D. 三家公司应按照污染物的种类、排放量等因素承担责任

考点 134 饲养动物致人损害责任

472. 2015/3/67/多

关于动物致害侵权责任的说法,下列哪些选项是正确的?②

A. 甲 8 周岁的儿子翻墙进入邻居院中玩耍,被院内藏獒咬伤,邻居应承担侵权责任
B. 小学生乙和丙放学途经养狗的王平家,丙故意逗狗,狗被激怒咬伤乙,只能由丙的监护人对乙承担侵权责任
C. 丁下夜班回家途经邻居家门时,未看到邻居饲养的小猪趴在路上而绊倒摔伤,邻居应承担侵权责任
D. 戊带女儿到动物园游玩时,动物园饲养的老虎从破损的虎笼蹿出将戊女儿咬伤,动物园应承担侵权责任

473. 2017/3/24/单

王某因全家外出旅游,请邻居戴某代为看管其饲养的宠物狗。戴某看管期间,张某偷狗,被狗咬伤。关于张某被咬伤的损害,下列哪一选项是正确的?③

A. 王某应对张某所受损害承担全部责任
B. 戴某应对张某所受损害承担全部责任
C. 王某和戴某对张某损害共同承担全部责任
D. 王某或戴某不应对张某损害承担全部责任

① D ② ACD ③ D

474. 2018回忆/多

赵某受钱某邀请,带着于某的宠物狗去住在三楼的钱某家玩儿,并将狗放在钱某家阳台晒太阳。钱某提醒赵某,狗有摔下的危险。果然,狗在阳台上玩耍时摔下,砸伤了正常行走的路人杨某。关于杨某的主张,下列哪些说法是正确的?①

A. 可请求钱某承担动物饲养人或管理人员的侵权责任
B. 可请求钱某承担建筑物管理人的侵权责任
C. 可请求赵某承担动物饲养人或管理人员的侵权责任
D. 可请求于某承担动物饲养人或管理人的侵权责任

考点135 物件致人损害责任

475. 2008/3/16/单

大华商场委托飞达广告公司制作了一块宣传企业形象的广告牌,并由飞达公司负责安装在商场外墙。某日风大,广告牌被吹落砸伤过路人郑某。经查,广告牌的安装存在质量问题。关于郑某的损害,下列哪一选项是正确的?②

A. 大华商场承担赔偿责任,飞达公司承担补充赔偿责任
B. 飞达公司承担赔偿责任,大华商场承担补充赔偿责任
C. 大华商场承担赔偿责任,但其有权向飞达公司追偿
D. 飞达公司承担赔偿责任,大华商场不承担责任

476. 2016/3/24/单

张小飞邀请关小羽来家中做客,关小羽进入张小飞所住小区后,突然从小区的高楼内抛出一块砚台,将关小羽砸伤。关于砸伤关小羽的责任承担,下列哪一选项是正确的?③

A. 张小飞违反安全保障义务,应承担侵权责任
B. 顶层业主通过证明当日家中无人,可以免责
C. 小区物业违反安全保障义务,应承担侵权责任
D. 如查明砚台系从10层抛出,10层以上业主仍应承担补充责任

477. 2016/3/67/多

4名行人正常经过北方牧场时跌入粪坑,1人获救3人死亡。据

① BC ② C ③ B

查,当地牧民为养草放牧,储存牛羊粪便用于施肥,一家牧场往往挖有三四个粪坑,深者达三四米,之前也发生过同类事故。关于牧场的责任,下列哪些选项是正确的?①

A. 应当适用无过错责任原则
B. 应当适用过错推定责任原则
C. 本案情形已经构成不可抗力
D. 牧场管理人可通过证明自己尽到管理职责而免责

478. 2021 回忆/多

黄某回家需经过小区一条内部道路,因有辆皮卡在路上违规停放多日,物业未做处理,黄某只好绕道而行。不料,当日大风吹落10楼贾某家阳台上的木质衣架,正好砸中黄某,致黄某重伤。关于黄某的人身损害赔偿,下列哪些说法是正确的?②

A. 贾某应承担赔偿责任
B. 贾某与物业公司应承担连带责任
C. 物业公司应承担补充责任
D. 应按照高空抛物处理

① BD ② AC

图书在版编目（CIP）数据

2024国家统一法律职业资格考试攻略．必刷题．1，民法／拓朴法考编著．—北京：中国法制出版社，2024.4

ISBN 978-7-5216-4158-5

Ⅰ．①2… Ⅱ．①拓… Ⅲ．①民法-中国-资格考试-习题集 Ⅳ．①D920.4

中国国家版本馆CIP数据核字（2024）第032425号

责任编辑：李连宇　　　　　　　　　　　　　封面设计：拓　朴

2024国家统一法律职业资格考试攻略．必刷题．1，民法
2024 GUOJIA TONGYI FALÜ ZHIYE ZIGE KAOSHI GONGLÜE.BISHUATI.1，MINFA
编著／拓朴法考
经销／新华书店
印刷／三河市华润印刷有限公司
开本／787毫米×1092毫米　32开　　　　　印张／5.5　字数／180千
版次／2024年4月第1版　　　　　　　　　　2024年4月第1次印刷

中国法制出版社出版
书号 ISBN 978-7-5216-4158-5　　　　　　　　总定价：118.00元（全八册）

北京市西城区西便门西里甲16号西便门办公区
邮政编码：100053　　　　　　　　　　　　　传真：010-63141600
网址：http://www.zgfzs.com　　　　　　　编辑部电话：010-63141811
市场营销部电话：010-63141612　　　　　　印务部电话：010-63141606

（如有印装质量问题，请与本社印务部联系。）
本书二维码内容由拓朴法考提供，用于服务广大考生，有效期截至2024年12月31日。